Markus Bauder, Volker Holzer, Thomas Paaß, Christian Seifritz

Holzer Stofftelegramme Groß- und Außenhandelskauffrau/-mann

Betriebswirtschaft,
Steuerung und Kontrolle

Baden-Württemberg

Lösungen

11. Auflage

Bestellnummer 00649

Bildungsverlag EINS
westermann

Die in diesem Produkt gemachten Angaben zu Unternehmen (Namen, Internet- und E-Mail-Adressen, Handelsregistereintragungen, Bankverbindungen, Steuer-, Telefon- und Faxnummern und alle weiteren Angaben) sind i. d. R. fiktiv, d. h., sie stehen in keinem Zusammenhang mit einem real existierenden Unternehmen in der dargestellten oder einer ähnlichen Form. Dies gilt auch für alle Kunden, Lieferanten und sonstigen Geschäftspartner der Unternehmen wie z. B. Kreditinstitute, Versicherungsunternehmen und andere Dienstleistungsunternehmen. Ausschließlich zum Zwecke der Authentizität werden die Namen real existierender Unternehmen und z. B. im Fall von Kreditinstituten auch deren IBANs und BICs verwendet.

Die in diesem Werk aufgeführten Internetadressen sind auf dem Stand zum Zeitpunkt der Drucklegung. Die ständige Aktualität der Adressen kann vonseiten des Verlages nicht gewährleistet werden. Darüber hinaus übernimmt der Verlag keine Verantwortung für die Inhalte dieser Seiten.

service@bv-1.de
www.bildungsverlag1.de

Bildungsverlag EINS GmbH
Ettore-Bugatti-Straße 6-14, 51149 Köln

ISBN 978-3-427-**00649**-7

westermann GRUPPE

Inhaltsverzeichnis

Betriebswirtschaft (Lernfelder 1 bis 6)

Steuerung und Kontrolle (Lernfelder 7 bis 9)

Prüfungsaufgaben 2016 bis 2017

1 Auftragsbearbeitung und Beschaffungsprozesse (= LF 1, 2)

1.1 Willenserklärungen und Rechtsgeschäfte

1. Willenserklärungen begründen rechtliche Wirkungen, sie sind daher die Basis der Rechtsgeschäfte.

2. mündlich, schriftlich, schlüssiges Handeln, evtl. durch Schweigen

3. Antrag und Annahme

4. a) **Schlüssiges Handeln:** Nicken, einem Taxi winken, in einen Bus einsteigen, Handschlag (Viehhandel), Hand heben bei Versteigerung

   b) **Schweigen:** Wir erhalten ein Angebot einer unbekannten Firma und reagieren nicht. Unser Schweigen gilt als Ablehnung.

5. a) einseitig – empfangsbedürftig
   b) mehrseitig – einseitig verpflichtend
   c) mehrseitig – mehrseitig verpflichtend
   d) mehrseitig – mehrseitig verpflichtend
   e) einseitig – nicht empfangsbedürftig
   f) einseitig – empfangsbedürftig
   g) mehrseitig – einseitig verpflichtend
   h) mehrseitig – einseitig verpflichtend

6. a) Nein; Kündigung = empfangsbedürftige Willenserklärung; sie ist erst wirksam, wenn sie dem Partner zugegangen ist (01.07.).

   b) Die Kündigung ist am 30.06. (10:00 Uhr) zugegangen. Dass der Arbeitgeber erst am 02.07. Kenntnis davon erlangt, ist alleine sein Risiko. Die Kündigung erfolgte also rechtzeitig.

7. Ja; einseitige, nicht empfangsbedürftige Willenserklärung

1.2 Form der Rechtsgeschäfte

1. formfrei, Schriftform, öffentliche Beglaubigung, öffentliche Beurkundung

2. Die Wirksamkeit des Grundsatzes der Vertragsfreiheit wird durch den Grundsatz der Formfreiheit unterstützt. Vorteile: schnelle Geschäftsabschlüsse möglich, kostensparend

3. • Beweissicherung
   • Vermeidung von Missverständnissen
   • Schutz sachunkundiger Personen vor Übervorteilung (z. B. Bürgschaft)
   • Schutz vor übereilten, nicht genügend durchdachten bindenden Entscheidungen (z. B. Grundstücksverkauf, Ehevertrag)

4. Notarielle Beurkundung; Unterschrift und Erklärungsinhalt werden notariell bestätigt.

5. Das Rechtsgeschäft ist nichtig.

6. Formfrei: b, g Schriftform: d, h, i, j Öffentl. Beglaubig.: c Öffentl. Beurkundung: a, e, f

1.3 Rechtsfähigkeit und Geschäftsfähigkeit

1. Nur Menschen sind rechtsfähig. Tiere können somit nicht erben.

2. Fähigkeit, Träger von Rechten und Pflichten zu sein

3. alle natürlichen und juristischen Personen

4. **Natürliche Personen:** alle Menschen

   Juristische Personen: Personenvereinigungen oder Vermögensmassen, die durch Gesetz eine eigene Rechtspersönlichkeit haben. Bsp.: AG, GmbH

5. Juristische Personen: a, d, f, g, i, k

6. Vorstand/Geschäftsführer

7. **Geschäftsunfähigkeit:** bis vollendetem 7. Lebensjahr

   Beschränkte Geschäftsfähigkeit: vollendetes 7. bis 18. Lebensjahr

   Unbeschränkte (volle) Geschäftsfähigkeit: ab vollendetem 18. Lebensjahr

8. a) Die Willenserklärung eines **Geschäftsunfähigen** ist nichtig.

   b) Die Willenserklärung eines **beschränkt Geschäftsfähigen** ist grundsätzlich schwebend unwirksam. Die Zustimmung des gesetzlichen Vertreters ist notwendig. Fehlt diese, ist das Rechtsgeschäft nichtig. Ausnahmen: Vgl. 10.

9. • Schließt ein **beschränkt Geschäftsfähiger** ohne Einwilligung seines gesetzlichen Vertreters ein Rechtsgeschäft ab, ist dieses bis zur Genehmigung **schwebend unwirksam.**

   • Erfolgt keine Genehmigung, bleibt es unwirksam.

   • Nachträgliche Zustimmung führt zur Rechtsgültigkeit.

10. • vorherige **Einwilligung** des gesetzlichen Vertreters

    • Der beschränkt Geschäftsfähige erlangt nur **rechtliche Vorteile.**

    • Verträge, die er mit Mitteln bewirkt, die ihm sein gesetzlicher Vertreter zur **freien Verfügung** stellt (Taschengeld, Geldgeschenk)

    • Rechtshandlungen innerhalb eines vom gesetzlichen Vertreter genehmigten Arbeitsvertrages oder selbstständigen Erwerbsgeschäfts

11. a) beschränkte Geschäftsfähigkeit
    b) Geschäftsunfähigkeit
    c) beschränkte Geschäftsfähigkeit
    d) Geschäftsunfähigkeit
    e) beschränkte Geschäftsfähigkeit
    f) volle Geschäftsfähigkeit

12. Die Willenserklärung ist nichtig wegen Geschäftsunfähigkeit.

13. Heiko ist geschäftsunfähig, der Kauf daher nichtig. Der Verkäufer muss den Kaufpreis zurückerstatten und den Schaden tragen.

14. Kaufvertrag gültig, da mit Mitteln bewirkt, die ihr zur freien Verfügung (Taschengeld) stehen.

15. Kaufvertrag nichtig, da zukünftige Verpflichtungen entstehen (Versicherung, Steuern, Haftung usw.).

16. Kaufvertrag nichtig, da zukünftige Verpflichtungen entstehen. Ratenverträge bedürfen stets der Zustimmung.

17. Die Schenkung ist rechtsgültig, da nur rechtliche Vorteile.

18. Da Jürgen nicht nur rechtliche Vorteile erlangt, ist die Zustimmung des gesetzlichen Vertreters notwendig. Beschränkte Geschäftsfähigkeit.

19. Kaufvertrag schwebend unwirksam. Erst Genehmigung des gesetzlichen Vertreters führt zur Rechtswirksamkeit, da das Geld für einen anderen Zweck zur Verfügung gestellt wurde.

20. Kündigung rechtswirksam, da sie im Rahmen ihres Arbeitsverhältnisses für alle damit zusammenhängenden Rechtshandlungen voll geschäftsfähig ist. Die Eltern können die Kündigung nicht verhindern.

21. **Vereinbarung des Sonderurlaubs:**
    Keine Zustimmung des gesetzlichen Vertreters notwendig, da er für alle Rechtshandlungen im Zusammenhang mit dem Ausbildungsvertrag unbeschränkt geschäftsfähig ist.

    Buchung der Reise:
    Betrifft nicht das Ausbildungsverhältnis, die Willenserklärung ist somit schwebend unwirksam. Bei Widerspruch der Eltern ist sie nichtig.

22. • **Kauf des Lottoscheins:** Rechtsgültig, da mit Mitteln bewirkt, die zur freien Verfügung überlassen (Taschengeld).

    • **Lottogewinn:** Rechtlicher Vorteil, sie kann ihn also behalten.

    • **Kaufvertrag über Zimmereinrichtung:** Schwebend unwirksam; er bedarf der Genehmigung durch den gesetzlichen Vertreter.

23. Die Einstellung ist rechtsgültig. Rechtsgeschäfte beschränkt Geschäftsfähiger im Rahmen eines genehmigten selbstständigen Erwerbsgeschäftes sind auch ohne Zustimmung der Eltern voll gültig.

24. **Lexikonkauf:** Rechtsgültig, da zweckbestimmte Verwendung der ihr überlassenen Mittel. Keine Zustimmung notwendig.

    Halskettenkauf: Schwebende Unwirksamkeit, da sie die ihr überlassenen Mittel nicht zweckbestimmt verwendet.

1.4 Vertragsfreiheit – nichtige und anfechtbare Rechtsgeschäfte

1. **Vertragsfreiheit:** Freiheit bei der Vertragsgestaltung

   Abschlussfreiheit: Entscheidungsfreiheit, mit wem Rechtsgeschäft abgeschlossen wird

   Inhaltsfreiheit: Vertragsinhalte sind frei gestaltbar.

2. **Vorteile:**
   - entspricht den Vorstellungen der Marktwirtschaft
   - Entscheidungsfreiheit der Vertragspartner

   Nachteil: evtl. Übervorteilung von Gutgläubigen bzw. Unwissenden durch missbräuchliche Vertragsgestaltung

3. Schutz vor missbräuchlichen Verträgen

   Beispiele:
   - Regelungen über Geschäftsfähigkeit
   - Formvorschriften
   - Schutz vor sitten- bzw. gesetzwidrigen Rechtsgeschäften
   - Jugendarbeitsschutzbestimmungen ...

4. **BGB:** nichtige, anfechtbare Rechtsgeschäfte

   Gesetz gegen Wettbewerbsbeschränkungen (Kartellgesetz): grundsätzliches Verbot von Kartellen

   Kündigungsschutzgesetz: Untergrenze für Kündigungsfristen

   AGB (§ 305 ff. BGB) unwirksam bei unangemessener Benachteiligung (vgl. 1.13)

5. Nichtig:
   - Scherzgeschäfte
   - Scheingeschäfte
   - Gesetzesverstoß
   - Sittenverstoß
   - Formverstoß
   - Geschäftsunfähigkeit
   - fehlende Zustimmung bei beschränkt Geschäftsfähigen

   Anfechtbar:
   - Irrtum
   - arglistige Täuschung
   - widerrechtliche Drohung

6. Anfechtungsfristen:

Irrtum	→ unverzüglich nach Entdeckung
arglistige Täuschung:	→ innerhalb eines Jahres nach Entdeckung der Täuschung
widerrechtl. Drohung:	→ innerhalb eines Jahres nach Wegfall der Zwangslage

7. nichtig – Scherzgeschäft

8. nichtig – Formverstoß (Schriftform!)

9. nichtig – Geschäftsunfähigkeit

10. anfechtbar – Irrtum in der Erklärung (Tippfehler)

    Anfechtung unverzüglich nach Entdeckung des Irrtums

11. Nein! Nicht anfechtbar, da Motivirrtum

12. nichtig – Gesetzesverstoß

13. nichtig – Formverstoß (notarielle Beurkundung bei Grundstücksverkauf!)

14. anfechtbar – Übermittlungsirrtum (Hörfehler)

    Anfechtung unverzüglich nach Entdeckung des Irrtums

15. anfechtbar – arglistige Täuschung

    Anfechtung innerhalb eines Jahres nach Kenntnis der Täuschung

16. nichtig – Scheingeschäft

17. nichtig – Sittenverstoß

18. anfechtbar – widerrechtliche Drohung

    Anfechtung innerhalb eines Jahres nach Beendigung der Zwangslage

19. nichtig – Zustand vorübergehender Störung der Geistestätigkeit

20. rechtsgültig – Formfreiheit

1.5 Eigentum und Besitz

1. **Eigentum:** rechtliche Herrschaft über eine Sache

   Besitz: tatsächliche Herrschaft über eine Sache

2. **Bewegliche Sachen:** Einigung + Übergabe

   Unbewegliche Sachen: Auflassung (= notariell beurkundete Einigung) + Eintrag im Grundbuch (ersetzt die Übergabe)

3. Nein; die Übergabe fehlt.

4. ab Übergabe des Fahrrads

5. Maier kann den PC nicht zurückverlangen, da Flegel Eigentümer geworden ist. Er kann lediglich Zahlung verlangen.

6. a) Schmidt wurde Eigentümer. Zuerst wurde das Eigentum an Schweinberger, danach von Schweinberger auf Schmidt übertragen.

   b) Wie a); die Zahlung spielt keine Rolle.

7. Bayer ist Eigentümer, wenn er die Lederhose gutgläubig erworben hat (er ist gutgläubig, wenn er der Meinung ist, dass Lötterle Eigentümer ist). Im anderen Falle wird Bayer nicht Eigentümer.

8. Eigentümer bleibt die Buchhandlung. Kein Eigentumserwerb an gestohlenen Sachen!

9. Drexler ist Eigentümer (Einigung und Übergabe).

10. Vereinbarung eines Besitzkonstituts: Vereinbarung, dass Erwerber ohne Übergabe mittelbaren Besitz erlangt, d. h., Gudermann wird Eigentümer, Kauffmann bleibt (vorübergehend) Besitzer.

11. Eigentumserwerb an gestohlenen Sachen ist grundsätzlich nicht möglich. Ausnahme u. a.: gestohlenes Geld („Geld stinkt nicht“). Das Reisebüro ist also Eigentümer des Geldes geworden. Keine Herausgabepflicht! Reich muss also gegen Klau vorgehen.

12. a) 30.05. (mit Beurkundung)

    b) 20.07. (Eintrag Grundbuch)

1.6 Der Kaufvertrag

1. **Verpflichtungsgeschäft:** Abschluss des Kaufvertrages; hierbei übernehmen die Vertragspartner Pflichten (vgl. 3.).

   Erfüllungsgeschäft: Die Vertragspartner erfüllen ihre laut Kaufvertrag übernommenen Pflichten.

2. Zwei übereinstimmende Willenserklärungen (Antrag und Annahme):

   Angebot + Bestellung oder Bestellung + Bestellungsannahme

3. **Käufer:** rechtzeitige Zahlung, Warenabnahme

   Verkäufer: rechtzeitige, mangelfreie Übergabe, Eigentumsübertrag

4. **Anfrage:** rechtlich unverbindlich

   Angebot: rechtlich bindend; an bestimmte Person gerichtet

   Anpreisung: rechtlich unverbindlich; an Allgemeinheit gerichtet

5. **Anpreisungen:** Schaufensterauslagen, Katalogangebote, Zeitungsinserate, Rundfunkwerbung

6. • exakte Warenbeschreibung
   • Verpackungsart
   • Lieferungsbedingungen (Transportkosten)
   • Zahlungsbedingungen
   • Preis und Menge
   • Verpackungskosten
   • Lieferzeit
   • Erfüllungsort

7. Die Bindung an das Angebot ist erloschen, da zu spät angenommen. Die Bestellung muss auf mindestens gleich schnellem Weg erfolgen. Firma B kann nichts unternehmen.

8. • Ablehnung durch Empfänger • verspätete Annahme
   • Abänderung durch Empfänger • rechtzeitiger Widerruf

9. **Unter Anwesenden:** während der Gesprächsdauer

   Unter Abwesenden: bis unter normalen Umständen die Antwort erwartet werden kann (briefliches Angebot: ca. eine Woche; fernschriftliches Angebot: ca. 24 Stunden).

10. Beides ist möglich.

11. a, c, h

12. a) Ware mittlerer Art und Güte

    b) Versandverpackung trägt Käufer

    c) Unfrei: Verkäufer trägt Transportkosten bis zur Übergabe an die Bahn (Spedition), die restlichen Transportkosten trägt der Käufer.

    d), e) auf Verlangen sofort

13. a) Die verspätete Annahme gilt als neuer Antrag. Solange V nicht annimmt, kommt kein Kaufvertrag zustande.

    b) Die geänderte Annahme gilt als neuer Antrag. Solange V nicht annimmt, kommt kein Kaufvertrag zustande.

    c) Kaufvertrag entsteht, wenn V nicht ablehnt. Stillschweigen des V bedeutet Annahme.

    d) • Die Zusendung unbestellter Ware gilt als Angebot. Der Kaufvertrag entsteht erst, wenn K den Kaufpreis zahlt, die Ware in Gebrauch nimmt oder seine Annahme erklärt.
       • Stillschweigen gilt bei fehlender bestehender Geschäftsbeziehung als Ablehnung.

    e) • Das Stillschweigen des Geschäftspartners K gilt als Annahme.
       • Bei Ablehnung wäre eine Mitteilung erforderlich.

    f) • Stillschweigen gilt als Ablehnung.
       • Die Zusendung unbestellter Ware an einen Privatmann verstößt gegen das UWG.

14. • Angebot widerrufen
    • Widerruf muss spätestens mit dem Angebot beim Kunden eintreffen.
    • Alternativen: Telefon, Telefax, Telegramm ...

15. **Gesetzlicher Erfüllungsort:** Wohn-(Geschäfts-)Sitz des Schuldners

Erfüllungsort für die Zahlung:	Sitz des Käufers
Erfüllungsort für die Lieferung:	Sitz des Verkäufers
Bedeutung des Erfüllungsortes:	Vgl. Stofftelegramm.

1.7 Störungen bei der Vertragserfüllung

1.7.1 Mangelhafte Lieferung (Schlechtleistung)

1. Sachmängel: fehlerhafte Ware, Montagemangel, mangelhafte Montageanleitung, Falschlieferung, Zuweniglieferung, Ware entspricht nicht der Werbung

2. a) Prüfungs- und Rügepflicht: unverzüglich (zweiseitiger Handelskauf) bzw. innerhalb von zwei Jahren nach Lieferung (einseitiger Handelskauf und bürgerlicher Kauf)

   b) Der Käufer verliert seine Gewährleistungsansprüche.

3. **Vorrangig**: Nacherfüllung (Nachbesserung oder Neulieferung) gemäß § 439 BGB

   - Gemäß § 434 BGB liegt ein Sachmangel vor. → K steht Nacherfüllungsanspruch zu.
   - K hat Wahlrecht zwischen Nachbesserung und Neulieferung.
   - V kann eine oder beide Arten der Nacherfüllung nur ablehnen, wenn gemäß § 434 Abs. 3 Nr. 1 BGB die betreffende Nacherfüllung nur mit unverhältnismäßig hohen Kosten möglich ist. Dies ist hier nicht der Fall.

   Nachrangig: (§§ 280, 281, 284, 323, 326, 440, 441 BGB)

   - Rücktritt vom Vertrag: Voraussetzungen:
     - angemessene Frist zur Nacherfüllung erfolglos abgelaufen
     - kein unerheblicher Mangel
   - Minderung: Voraussetzungen:
     - angemessene Frist zur Nacherfüllung erfolglos abgelaufen
     - auch bei unerheblichem Mangel möglich
   - Schadenersatz statt Leistung: Voraussetzungen:
     - angemessene Frist zur Nacherfüllung erfolglos abgelaufen
     - Pflichtverletzung gem. § 280 Abs. 1 BGB
     - Verschulden (Vertretenmüssen) des V
     - kein unerheblicher Mangel

     Da kein Verschulden vorliegt, kann dieses Recht nicht geltend gemacht werden.
   - Ersatz vergeblicher Aufwendungen (neben Rücktritt vom Vertrag): Voraussetzungen wie bei Schadenersatz statt Leistung; hier also mangels Verschulden nicht möglich.
   - Schadenersatz neben Leistung: Voraussetzungen:
     - Pflichtverletzung gemäß § 280 Abs. 1 BGB
     - Verschulden (Vertretenmüssen) des V

     Da kein Verschulden vorliegt, kann dieses Recht nicht geltend gemacht werden.

4. Nachbesserung und/oder Neulieferung möglich auch bei geringfügigen Mängeln; verschuldensunabhängig

5. - K muss zunächst dem V eine angemessene Frist zur Nacherfüllung einräumen.
   - Nach erfolglosem Fristablauf kann K Schadenersatz statt Leistung verlangen, sofern Verschulden des V vorliegt.

6. Es liegt ein Sachmangel vor, weil der Neuwagen nicht den Werbeaussagen entspricht.

   Vorrangig **Nacherfüllung**:
   Nachbesserung (falls durch Nachrüstung des Motors der Benzinverbrauch gedrosselt werden kann) oder Neulieferung, sofern nicht unverhältnismäßig hohe Kosten anfallen

   Nachrangig, sofern angemessene Nacherfüllungsfrist erfolglos abgelaufen:
   Rücktritt vom Vertrag bzw. **Minderung**

7. Vorrangig **Nacherfüllung**: Nachbesserung (Reparatur des Fahrrads) oder Neulieferung + Schadenersatz neben der Leistung (110,00 EUR)

   Nachrangig, sofern angemessene Nacherfüllungsfrist erfolglos abgelaufen:
   Rücktritt vom Vertrag + **Schadenersatz statt Leistung** (Verschulden liegt aufgrund der Kenntnis der Bruchgefahr vor; Mangel nicht unerheblich) bzw. **Minderung** + **Schadenersatz neben der Leistung**

8. Es liegt ein Sachmangel vor (mangelhafte Montageanleitung + Falschmontage)

   Vorrangig: Nacherfüllung
   → Nachbesserung: korrekte Montageanleitung liefern; V muss altes Gerät evtl. abbauen
   → Neulieferung mit brauchbarer Montageanleitung; V muss altes Gerät abbauen und abholen

   Nachrangig, sofern angemessene Nacherfüllungsfrist erfolglos abgelaufen:
   Rücktritt vom Vertrag bzw. **Minderung**

9. K kann keine Nacherfüllung verlangen, weil ein Stückkauf vorliegt („Unmöglichkeit" gemäß § 275 Abs. 1).

   Rücktritt vom Vertrag: möglich ohne Nachfristsetzung (§ 326 Abs. 5), da Nachfrist sinnlos
   Minderung: möglich ohne Nachfristsetzung, da Nachfrist hier sinnlos
   Schadenersatz: nein, da kein Verschulden (Vertretenmüssen) vorliegt

10. Verbrauchsgüterkauf; somit gilt für die ersten sechs Monate die Beweislastumkehr (§ 476): Verkäufer muss nachweisen, dass die Ware bei Übergabe noch nicht mangelhaft war. Erbringt V diesen Gegenbeweis nicht, wird vermutet, dass die Sache bereits bei Übergabe mangelhaft war. K kann dann also sämtliche Gewährleistungsansprüche geltend machen.

11. Regelmäßige kaufrechtliche Verjährungsfrist für Mängel: 2 Jahre ab Ablieferung
    Verjährung: 10.05.2002 + 2 Jahre = 10.05.2004 → K kann die Lieferung eines neuen Rasenmähers verlangen, weil die Verjährung noch nicht eingetreten ist.

12. Verjährungsfrist bei arglistig verschwiegenen Mängeln: 3 Jahre nach Kenntnis des Mangels
    Verjährungsbeginn Jahresende; Verjährung: 31.12.2005 + 3 Jahre = 31.12.2008
    K kann seine Gewährleistungsansprüche geltend machen, weil sie noch nicht verjährt sind.

13. Verjährung von Bauwerksmängeln: 5 Jahre nach Übergabe
    Verjährung: 10.05.2002 + 5 Jahre = 10.05.2007
    Die Mängelansprüche sind verjährt. V kann sich auf Verjährung berufen.

14. Die Gewährleistungsfrist (Verjährungsfrist für Mängel) kann bei gebrauchten Sachen auf ein Jahr verkürzt werden. Seine Ansprüche sind daher verjährt.

1.7.2 Nicht-rechtzeitig-Lieferung

1. **Lieferung verlangen und evtl. Schadenersatz (§ 286 BGB)**

   Voraussetzungen:
   - Fälligkeit
   - Verschulden
   - Mahnung → entbehrlich, wenn:
     - Verkäufer verweigert Lieferung.
     - Liefertermin kalendermäßig bestimmt
     - besondere Gründe (§ 286 Abs. 2 Nr. 4 BGB)

   Schadenersatz statt Leistung (§ 281 BGB)

   Voraussetzungen:
   - Fälligkeit
   - Verschulden
   - Nachfrist → entbehrlich, wenn:
     - Verkäufer verweigert Lieferung.
     - besondere Umstände (§ 281 Abs. 2 BGB)

   Ersatz vergeblicher Aufwendungen anstelle Schadenersatz statt Leistung (§ 284 BGB)

   Voraussetzungen: Vgl. Schadenersatz statt Leistung.

   Rücktritt vom Vertrag (§ 323 BGB)

   Voraussetzungen:
   - Fälligkeit
   - Nachfrist → entbehrlich, wenn:
     - Verkäufer verweigert Lieferung.
     - Liefertermin kalendermäßig bestimmt
     - besondere Umstände (§ 323 Abs. 2 Nr. 3 BGB)

2. Mahnung entbehrlich, wenn
   - Verkäufer Lieferung verweigert,
   - Liefertermin kalendermäßig bestimmt,
   - besondere Gründe gem. § 286 Abs. 2 Nr. 4 BGB vorliegen.

3. Nachfrist entbehrlich, wenn
   - Verkäufer Lieferung verweigert,
   - besondere Umstände gem. § 281 Abs. 2 BGB vorliegen.

4. Nachfrist entbehrlich, wenn
   - Verkäufer Lieferung verweigert,
   - Liefertermin kalendermäßig bestimmt,
   - besondere Umstände gem. § 323 Abs. 2 Nr. 3 BGB vorliegen.

5. Ja; beide Rechte können gleichzeitig in Anspruch genommen werden.

6. - Fälligkeit und Verschulden gem. § 281 BGB liegen vor.
   - Nachfristsetzung entbehrlich, weil Verkäufer die Lieferung verweigert.

   → K kann Schadenersatz statt Leistung verlangen.

7. - Fälligkeit und Verschulden gem. § 286 BGB liegen offensichtlich vor.
   - Mahnung entbehrlich, da „besondere Gründe“ gem. § 286 Abs. 2 Nr. 4 BGB vorliegen.

   → K kann Verzögerungsschaden verlangen.

8. - Fälligkeit und Verschulden gem. § 281 BGB liegen offensichtlich vor.
   - Nachfristsetzung entbehrlich, weil „besondere Umstände“ gem. § 281 Abs. 2 BGB vorliegen (Just-in-time-Lieferung).

   → K kann Schadenersatz statt Leistung verlangen.

9. Voraussetzungen für Schadenersatz statt Leistung:
   - Fälligkeit: ja
   - Verschulden: nein
   - Angemessene Nachfrist: abgelaufen

   Schadenersatz statt Leistung ist nicht möglich, weil die Voraussetzung „Verschulden“ fehlt.

10. V hat Anspruch auf Abnahme und Zahlung, weil die Fristsetzung hier nicht entbehrlich war. K wollte sich aus wirtschaftlichen Gründen aus dem Vertrag herausschleichen und nicht aus Gründen der Verzögerung der Leistung.

11.–13. Vgl. Stofftelegramm.

1.7.3 Nicht-rechtzeitig-Zahlung

1. **Zahlung verlangen + evtl. Schadenersatz**
   Voraussetzungen:
   - Fälligkeit
   - Verschulden
   - Mahnung → entbehrlich, wenn:
     - 30 Tage nach Rechn.zugang vergangen
     - Schuldner verweigert Zahlung.
     - Zahlungstermin kalendermäß. bestimmt
     - besondere Gründe (§ 286 Abs. 2 Nr. 4 BGB)

   Schadenersatz statt Leistung (§ 281 BGB)
   Voraussetzungen:
   - Fälligkeit
   - Verschulden
   - Nachfrist → entbehrlich, wenn:
     - Käufer verweigert Zahlung.
     - besondere Umstände (§ 281 Abs. 2 BGB)

   Ersatz vergeblicher Aufwendungen anstelle Schadenersatz statt Leistung (§ 284 BGB)
   Voraussetzungen: Vgl. Schadenersatz statt Leistung

   Rücktritt vom Vertrag (§ 323 BGB)
   Voraussetzungen:
   - Fälligkeit
   - Nachfrist → entbehrlich, wenn:
     - Käufer verweigert Zahlung.
     - Zahlungstermin kalendermäß. bestimmt
     - besondere Umstände (§ 323 Abs. 2 Nr. 3 BGB)

2. Basiszinssatz +5 %

3. Basiszinssatz +5 %

4. Basiszinssatz +8 %

5. a) Zahlungsverzug spätestens 30 Tage nach Zugang der Rechnung, also ab 10.02.

   b) Zahlungsverzug tritt durch Mahnung ein, also ab 20.01.

   c) Ab 25.01. Zahlungsverzug; Mahnung hier entbehrlich, da kalendermäßig bestimmt.

6. **Verbrauchsgüterkauf**. Besonderheit hier gemäß § 286 Abs. 3 BGB: Die Regelung, dass der Schuldner spätestens in Verzug kommt, wenn er nicht innerhalb von 30 Tagen nach Fälligkeit und Zugang einer Rechnung leistet, gilt nur unter der Voraussetzung, dass der Verbraucher auf diese Folgen in der Rechnung hingewiesen wurde. Dies ist hier offenbar nicht geschehen, sodass der Schuldner erst durch eine Mahnung in Verzug gesetzt werden kann.

1.8 Eigentumsvorbehalt

1./2. Vgl. Stofftelegramm.

3. a) Der Eigentumsvorbehalt erlischt nach Verarbeitung der Rohstoffe.

   b)
   - **Verlängerter Eigentumsvorbehalt:** Bei Weiterverarbeitung wird das hergestellte Produkt an den Lieferer sicherungsübereignet.
   - **Erweiterter Eigentumsvorbehalt:** Eigentumsvorbehalt bezieht sich auf alle Lieferungen an einen Käufer.

1.9 Mahnverfahren (außergerichtlich, gerichtlich)

1. Vgl. Stofftelegramm.

2. mit Zustellung des Mahnbescheids

3. Amtsgericht Stuttgart für baden-württembergische Antragsteller

4. a) Zustellung Mahnbescheid – Zustellung Vollstreckungsbescheid – Zwangsvollstreckung

   b) Zustellung Mahnbescheid – Widerspruch – Prozess – Urteil – evtl. Zwangsvollstreckung

   c) Zustellung Mahnbescheid – Zustellung Vollstreckungsbescheid – Einspruch – Prozess – Urteil – evtl. Zwangsvollstreckung

5. Schuldner reagiert weder auf Mahn- noch auf Vollstreckungsbescheid.

1.10 Verjährung

1. Vgl. Stofftelegramm.

2. • Regelmäßige Verjährungsfrist: 3 Jahre

   • Beginn der Verjährungsfrist: Schluss des Jahres, in dem der Anspruch entstanden ist

   • Verjährung: 31.12.2002 + 3 Jahre = 31.12.2005

1.11 Allgemeine Geschäftsbedingungen (AGB)

1. Vgl. Stofftelegramm.

2. a) unwirksam – grundloser Rücktrittsvorbehalt

   b) unwirksam – kein Preiserhöhungsrecht innerhalb von 4 Monaten nach Vertragsabschluss

   c) Rechtsgültig; individuell ausgehandelte Vertragsbedingungen sind keine AGB.

   d) unwirksam – ungenau definierte Lieferfrist

   e) Unwirksam – Verkürzung gesetzlicher Gewährleistungsfristen (6 Monate) durch AGB nicht erlaubt.

   f) Unwirksam – überraschende (ungewöhnliche) Klausel (§ 305 c BGB): Käufer braucht nicht damit zu rechnen, dass mit dem Kauf eines Textverarbeitungsprogramms eine Verpflichtung zur Kursteilnahme verknüpft ist.

   g) Unwirksam – gesetzliche Rechte bei Nicht-rechtzeitig-Lieferung können in den AGB nicht ausgeschlossen werden.

1.13 Verbraucherschutz

1. AGB, Produkthaftungsgesetz, Verbraucherkredite

2. Preisangabenverordnung gilt, wenn Waren bzw. Produkte auch an Endverbraucher verkauft werden.

3. • Information + Schutz der Verbraucher
   • Ermöglichung optimaler Preisvergleiche durch Verbraucher
   • Wettbewerbsförderung

4. • Preis muss Umsatzsteuer sowie sonstige Preisbestandteile enthalten.
   • Eindeutige, übliche Verkaufseinheiten müssen angegeben werden.
   • Gütebezeichnung, sofern dies üblich ist

5. • Sofern leicht verderbliche Ware: Angabe des Verbrauchsdatums
   • evtl. Mindesthaltbarkeitsdatum angeben

6. **Produkthaftung** = Herstellerhaftung für alle **Folgeschäden**, die durch **Fehler** des Produkts an **Personen** oder **Sachen** (nicht am Produkt selbst – hierfür können die Rechte aus der mangelhaften Lieferung in Anspruch genommen werden) verursacht werden.

7. Hersteller; ist Hersteller nicht feststellbar: Jeder Lieferant haftet, sofern er den Hersteller nicht innerhalb von vier Wochen nach Aufforderung benennen kann.

8. • Sachschäden unterhalb einer bestimmten Grenze
   • Ansprüche sind drei Jahre nach Kenntnis des Fehlers verjährt.
   • Anspruch erloschen (zehn Jahre, nachdem Hersteller Produkt in den Verkehr gebracht hat)
   • Fehler konnten nach dem Stand der Wissenschaft und Technik nicht erkannt werden.

9. Vgl. Stofftelegramm (Anwendungsbereich).

10. • Schriftform

    • Angaben: effektiver Jahreszinssatz, Kreditrückzahlungsmodalitäten, Zinssatz, alle weiteren Kosten des Kreditvertrages ...

    • Bei Abzahlungsgeschäften: Angabe des Bar- und Teilzahlungspreises, Betrag, Zahl und Fälligkeit der Raten sowie effektiver Jahreszinssatz

    • Sonderregelungen für Überziehungskredite

11. Vgl. Stofftelegramm.

12. wenn Verbraucher nicht innerhalb von zwei Wochen schriftlich widerruft

1.14 Angebotsvergleich: Das Scoring-Modell

1. Preis, Preisnachlässe, Lieferungs- und Zahlungsbedingungen, Qualität, Zuverlässigkeit, Kundendienst, Beratung, eventuelle Gegengeschäfte ...

2.

Entscheidungs-kriterien	Gewichtung %	Lieferer A		Lieferer B	
		Punkte	Gewichtete Punkte	Punkte	Gewichtete Punkte
Preis	30	3	90	3	90
Zuverlässigkeit	25	4	100	3	75
Kundendienst	15	5	75	3	45
Beratung	10	4	40	5	50
Konkursrisiko	20	2	40	5	100
Punktesumme	100		345		360

Lieferer B erhält den Zuschlag.

1.15 Die ABC-Analyse

1./2. Vgl. Stofftelegramm.

3. a)

Art. Nr.	Verbrauch/ Jahr in EUR	% der Gesamtmenge		% des ges. Verbrauchswertes		Gut? ABC
		Einfach	Kumuliert	Einfach	Kumuliert	
1	400.000,00	10	10	50	50	A
2	280.000,00	10	20	35	85	A
3	80.000,00	10	30	10	95	B
4	20.000,00	10	40	2,50	97,50	C
5	6.000,00	10	50	0,75	98,25	C
6	4.000,00	10	60	0,50	98,75	C
7	4.000,00	10	70	0,50	99,25	C
8	3.000,00	10	80	0,38	99,63	C
9	2.000,00	10	90	0,25	99,88	C
10	1.000,00	10	100	0,13	100,00	C

b) Artikel 1 und 2 (A-Güter), z. T. Artikel 3 (B-Gut); Begründung: vgl. Stofftelegramm.

c) ... 20 % ... ... 85 % ...

4. a)

Artikelgruppe	Einzelpreis in EUR	Verbrauch/Jahr in Flaschen	Verbrauchs-wert/Jahr in EUR	Rang
Bordeaux	640,00	1.800	1.152.000,00	1
Gutedel	5,00	20.000	100.000,00	8
Brunello	160,00	2.000	320.000,00	3
Sauternes	360,00	1.200	432.000,00	2
Grauburgunder	10,00	12.000	120.000,00	7

Artikelgruppe	Einzelpreis in EUR	Verbrauch/Jahr in Flaschen	Verbrauchswert/Jahr in EUR	Rang
Vino Nobile	80,00	2.400	192.000,00	4
Barolo	60,00	3.000	180.000,00	5
Riesling	12,00	11.000	132.000,00	6
			2.628.000,00	

b)

Artikelgruppe	Verbrauchswert in %	Kumulierter Verbrauchswert in %	Zuordnung ABC-Güter
Bordeaux	43,83		A
Sauternes	16,44	60,27	A
Brunello	12,18	72,45	A
Vino Nobile	7,30	79,75	B
Barolo	6,85	86,60	B
Riesling	5,02	91,62	B
Grauburgunder	4,57	96,19	B
Gutedel	3,81	100,00	C
	100,00		

c) Für die A-Güter und auch die B-Güter sollte vom Bestellrhythmusverfahren zum Bestellpunktverfahren übergegangen werden.

Bei den C-Gütern kann, soweit es hier zu keinen Lieferverzögerungen kommt, das Bestellrhythmusverfahren beibehalten werden.

d) Z.B. Kundenanalyse:

A-Kunden: hoher Anteil am Jahresumsatz, geringe Anzahl

B-Kunden: mittlerer Anteil am Jahresumsatz, mittlere Anzahl

C-Kunden: geringer Anteil am Jahresumsatz, hohe Anzahl

Z.B. Lieferantenanalyse:

A-Lieferanten: hoher Anteil am Jahreseinkaufsvolumen, geringe Anzahl

B-Lieferanten: mittlerer Anteil am Jahreseinkaufsvolumen, mittlere Anzahl

C-Lieferanten: geringer Anteil am Jahreseinkaufsvolumen, hohe Anzahl

1.16 Bereitstellungsprinzipien

1. Große Bestellmenge:
   - geringe Bestellkosten
   - günstiger Einkauf
   - hohe Lagerkosten

   Kleine Bestellmenge:
   - hohe Bestellkosten
   - geringe Lagerkosten

2.

Bestell-menge	Anzahl der Bestellungen pro Jahr	Durch-schnittlicher Lager-bestand	Lagerhal-tungskosten: 1,80 EUR pro Stück	Bestell-kosten: 45,00 EUR pro Bestellung	Gesamt-kosten in EUR
100	10	50	90,00	450,00	540,00
125	8	62,5	112,50	360,00	472,50
200	5	100	180,00	225,00	405,00
333	3	167	300,60	135,00	435,60
400	2,5	200	360,00	112,50	472,50

3. Zu hohe Lagerbestände:
- hohe Kapitalbindung
- hohe Risiken
- hohe Kosten

Zu niedrige Lagerbestände:
- geringe Lieferbereitschaft
- hohe Fehlmengenkosten
- evtl. Kunden-/Auftragsverlust

1.17 Prüfungsaufgaben

Prüfungsaufgaben Winter 2012/2013 (Aufgabe 1, teilweise)

1.1.1

Bestell-menge	Bestell-häufigkeit im Jahr	Durch-schnittl. Lagerbestand in Stück	Lager-bestand in EUR	Lagerhal-tungskos-ten in EUR	Bestell-kosten in EUR	Gesamt-kosten
10.000	1	5.000	17.500,00	875,00	50,00	925,00
2.500	**4**	**1.250**	**4.375,00**	**218,75**	**200,00**	**418,75**
2.000	5	1.000	3.500,00	175,00	250,00	425,00
1.000	10	500	1.750,00	87,50	500,00	587,50

1.1.2 Schülerindividuelle Antwort

Mögliche Aktennotiz: Die optimale Bestellmenge kann hier nicht genommen werden. Bei Nachfrageschwankungen muss individuell reagiert werden. Bitte bestellen Sie die benötigte Anzahl an Basecaps unter Berücksichtigung des aktuellen Lagerbestands, der reservierten Artikel und noch offener Bestellungen. Achten Sie außerdem auf mögliche Mengenrabatte, die bei einer Großbestellung möglich sind; evtl. Abwicklung über Streckengeschäft.

1.2.1

	Angebot 1 (in EUR) Fashion for you Ltd.	Angebot 2 (in EUR) Asia fashion Ltd.	Angebot 3 (in EUR) Pegasus Fashion GmbH
Listeneinkaufspreis			59.150,00
– Liefererrabatt			8.872,50
= Zieleinkaufspreis			50.277,50
– Liefererskonto			1.508,33
= Bareinkaufspreis	39.535,25	41.336,11	48.769,17
+ Bezugskosten			0,00
• Staukosten Schiff	95,00	0,00	0,00
• Seefracht	1.400,00	0,00	0,00
• Zoll	3.282,42	3.306,89	0,00
• Entladung HH	150,00	150,00	0,00
• Einfuhr	350,00	350,00	0,00
• Transport HH – HD	400,00	400,00	0,00
• Entladung HD	80,00	80,00	0,00
• Versicherung			0,00
○ Shanghai – HH	1.300,00	0,00	0,00
○ HH – HD	90,00	90,00	0,00
= Bezugspreis	46.682,67	45.713,00	48.769,17

Hinweis zu Ermittlung des Zolls bei Angebot 1 und 2:

Der Zoll berechnet sich vom Zollwert. Dieser ergibt sich durch den Warenwert und die Transportkosten bis Außengrenze EU.

Angebot 1: Zollwert = Bareinkaufspreis + Staukosten Schiff + Seefracht = 41.030,25 EUR
hiervon 8 % = 3.282,42 EUR

Angebot 2: Zollwert = Bareinkaufspreis CIF Hamburg = 41.336,11 EUR
hiervon 8 % = 3.306,88 EUR

1.2.2 Sehr geehrter Herr Meier,
der Angebotsvergleich zwischen den drei Lieferanten ergab, dass die Asia fashion Ltd. mit einem Preis von 45.712,99 EUR der günstigste Anbieter für die T-Shirts ist. Damit liegt die Asia fashion Ltd. um 915,68 EUR unter dem nächstgünstigeren. Ich empfehle daher, diesen Anbieter zu nehmen. Bitte beachten Sie, dass ich folgende Kriterien noch nicht geprüft habe:
5 Nennungen, z. B.

- Lieferzeit
- Lieferzuverlässigkeit
- Qualität
- Umweltfreundlichkeit
- Service
- Außenhandelsrisiken, wie z. B. Zahlungsrisiko und Währungsrisiko

Mit freundlichen Grüßen
Azubi XY

Prüfungsaufgaben Sommer 2013 (Aufgabe 1, teilweise)

1.1 Vorgehensweise nach Eingang der Anfrage des Neukunden Dargo KG:
Prüfen der Lieferfähigkeit:
Passt der Kundenwunsch der Fruchtverarbeitung Dargo KG zu dem Warensortiment der Früchte Kempter GmbH? Kann die in der Anfrage gewünschte Ware (Aprikosen) zum angegebenen Zeitpunkt rechtzeitig geliefert werden?
Ist im Lager genügend Ware vorhanden oder muss die Ware bestellt werden?

Prüfen der Lieferwilligkeit:
Soll der Kunde (Dargo KG) beliefert werden? Gibt es Hinweise auf die Bonität/Zahlungsmoral des Kunden
(eventuell Auskunft bei einem Inkassounternehmen, dem Kunden selbst bzw. der Auskunftsdatei der SCHUFA einholen)?

Anlage einer neuen Kundendatei für den Neukunden Fruchtverarbeitung Dargo KG

Erstellen eines Angebots

1.2 Zustandekommen des Kaufvertrages
Der Kaufvertrag zwischen der Fruchtverarbeitung Dargo KG und der Früchte Kempter GmbH kommt mit der Lieferung der Ware am 22.09.2012 zustande.
Die Anfrage der Fruchtverarbeitung Dargo KG vom 04.09.2012 stellt noch keine rechtsverbindliche Willenserklärung dar.
Das Angebot der Früchte Kempter GmbH vom 05.09.2012 wird von der Fruchtverarbeitung Dargo KG verspätet angenommen (zwischen Zusenden des Angebots am 05.09.2012 und der Bestellung am 21.09.2012 liegen 16 Tage).
Zudem schließt die Früchte Kempter GmbH ihre Bindung an das Angebot durch die Freizeichnungsklausel „freibleibend" aus.
Es gilt daher als erste Willenserklärung (Antrag) die Bestellung der Fruchtverarbeitung Dargo KG und als zweite Willenserklärung die zeitnahe Lieferung der Ware gemäß Bestellung durch die Früchte Kempter GmbH (Annahme).

1.3 Verpflichtungen aus dem Kaufvertrag (§ 433 BGB):
Aus dem Kaufvertrag ergeben sich (Verpflichtungsgeschäft):

- für die Früchte Kempter GmbH die Verpflichtung zur Übergabe der Ware in mangelfreiem Zustand an die Fruchtverarbeitung Dargo KG sowie zur Verschaffung des Eigentums an der Ware.
- für die Fruchtverarbeitung Dargo KG die Verpflichtung zur Zahlung des Kaufpreises sowie zur Annahme der Ware.

3. Prüfung Zahlungsverzug der Fruchtverarbeitung Dargo KG:

Zahlungsziel 30 Tage → bisher ist noch keine Zahlung erfolgt

Der Zahlungszeitpunkt ist entsprechend der in der Rechnung angegebenen Zahlungsbedingung nach dem Kalender berechenbar („30 Tage netto"), der Zahlungsverzug tritt demnach ein mit Ablauf des berechenbaren Kalendertages.

Eine Mahnung ist nicht erforderlich.

Der Rechnungszugang erfolgte mit der Lieferung am 22.09.2012. Die Fruchtverarbeitung Dargo KG ist mit Ablauf der 30 Tage ab dem 22.10.2012 im Zahlungsverzug. (22.09.2012 + 30 Tage = 21.10.2012 fällig)

4. Das Schreiben (ausdrückliche Mahnung) sollte folgende Aspekte beinhalten:
- Anrede
- Grund des Schreibens
- Zeitpunkt, ab dem die Fruchtverarbeitung Dargo KG mit Zahlung der Rechnung in Verzug ist
- Gesamtforderung bis einschl. 03.12.2012 (aufgegliedert in die einzelnen Posten: Rechnungsbetrag, Verzugszinsen, Mahngebühren und Auslagen)
- angemessene Fristsetzung zur Zahlung der Gesamtforderung
- Grußwort
- Signatur
- Anlagen (z. B. Lieferschein und Kopie der Ausgangsrechnung, Auszug aus der Debitorenkartei, Kontoauszug)

Berechnung der Gesamtforderung:

Verzugszinsen: Basiszinssatz 0,12 % + 8 % (§§ 288 Abs. 1, 247 BGB – Verbraucher ist am Rechtsgeschäft nicht beteiligt) Tage: 22.10.2012–03.12.2012 = 41 Tage berechnet nach der 30/360-Methode	$\frac{\text{Rechnungsbetrag} \cdot \text{Zinssatz} \cdot \text{Tage}}{360 \cdot 100}$ $\frac{4.105{,}50 \text{ EUR} \cdot 8{,}12 \cdot 41}{360 \cdot 100}$ Verzugszinsen: 37,97 EUR
Gesamtforderung:	Rechnungsbetrag + Verzugszinsen + Mahngebühren und Auslagen = Gesamtforderung 4.105,50 EUR + 37,97 EUR + 40,00 EUR 4.183,47 EUR = Gesamtforderung

5.1 Mögliche weitere Schritte im kaufmännischen Mahnverfahren:
- Ankündigung des Einzugs durch ein Inkassoinstitut
- Abtretung der Forderung an ein Inkassoinstitut, letzte Mahnung unter Androhung gerichtlicher Maßnahmen

Bei erfolglosem kaufmännischem Mahnverfahren wird die Beantragung eines gerichtlichen Mahnbescheids erforderlich (= Übergang gerichtliches Mahnverfahren).

5.2 Mögliche Vorschläge:
- vor Erstellen eines Angebots für einen Neukunden Auskunft einholen bei einem Inkassounternehmen, dem Kunden selbst, öffentlichen Registern, bei der Auskunftsdatei der SCHUFA
- Zweck: um Informationen zur Zahlungsmoral bzw. Kreditwürdigkeit des Kunden zu erhalten
- entsprechende Zahlungsbedingungen vereinbaren, z. B.: „Zahlung gegen Vorkasse", „Zahlung bei Lieferung"

Prüfungsaufgaben Sommer 2013 (Aufgabe 2)

1. Zum Beispiel
Arbeitsentlastung, Konzentration auf wirtschaftlich wichtige Güter, Erhöhung der Transparenz der Lagerwirtschaft, Steigerung der Effizienz des Einkaufs

2.

Produktgruppen	Absatz in kg pro Quartal	Einzelpreis in EUR/kg	Verkaufswert in TEUR	Verkaufswert in % (einzeln)	Kumulierter Verkaufswert in % (gesamt)	ABC-Güter
Obst	240.000	9,70	2.328	14,22		B
Gemüse	250.000	9,20	2.300	14,05		B
Kartoffelprodukte	153.000	10,00	1.530	9,35	37,62	B
Salat	225.000	3,60	810	4,95	4,95	C
Feinkost	230.000	20,00	4.600	28,10		A
Tiefkühlware	150.000	32,00	4.800	29,33	57,43	A
Summen	1.248.000	—	16.368	100,00	100,00	—

A-Güter: hoher Anteil am Verkaufswert, niedriger Mengenanteil
B-Güter: mittlerer Anteil am Verkaufswert, mittlerer Mengenanteil
C-Güter: geringer Anteil am Verkaufswert, großer Mengenanteil

Beispiel für prozentuale Zuteilung: A-Güter: ca. > 20 % des Umsatzes
B-Güter: ca. 5 %–20 % des Umsatzes
C-Güter: bis ca. 5 % des Umsatzes

Notiz

- Aktivitäten sind auf A-Güter mit hoher wirtschaftlicher Bedeutung zu lenken (genaue Bedarfsermittlung, evtl. Just-in-time-Lieferung).
- Aufwand für übrige Güter durch Vereinfachungsmaßnahmen (z. B. automatisierte Bestellung) senken.
- ...

Für A-Güter zu empfehlen:
- intensive Einkaufsverhandlungen besonders hinsichtlich der Preise
- häufige Angebotsvergleiche
- ständige Überwachung der Lagerbestände

3. Für A- und B-Güter sollte vom Bestellrhythmus- auf das Bestellpunktverfahren umgestellt werden bzw. Änderung des Bestellrhythmus.

4. Einsatz bei Kundenanalyse (A-Kunden mit hohem Anteil am Jahresumsatz bei geringer Stückzahl) und bei Lieferantenanalyse (C-Lieferanten mit niedrigem Anteil am Jahreseinkaufsvolumen bei hoher Stückzahl)

5. Laterale Diversifikation
Pro: Kundenwunsch, Kundenbindung Gastronomie
Kontra: Bedarf getrennter Lagerung, unbekannte Beschaffungsmärkte, Sicherheitsvorschriften, höherer logistischer Aufwand etc.

Prüfungsaufgaben Winter 2013/2014 (Aufgabe 1)

1.1 Bei der Zweirad Schöne GmbH handelt es sich um einen Stammkunden. Das Kreditlimit wird um 6.864,25 EUR überschritten. Hierbei kann es sich um Rechnungen handeln, bei denen das Zahlungsziel noch nicht erreicht ist, d. h. vor Kurzem erst bestellt wurde. Wenn bisher keine Probleme mit den Zahlungsvorgängen des Kunden bestanden, dann ist der Auftrag zu bearbeiten.

1.2 Rechnungsdatum: 20.09.2013 (30 Tage ab Rechnungsdatum; 20.09.13 = erster Tag)
Zahlung spät. am: 19.10.2013
Verzug ab: 20.10.2013

1.3 Hier handelt es sich um die erste Mahnstufe. Es ist eine Zahlungserinnerung zu verfassen **(siehe Anlage)**.

Hinweis: Die Bewertung hat nicht nur nach inhaltlichen Kriterien zu erfolgen, sondern sollte auch den Kriterien einer kaufmännischen Korrespondenz in Bezug auf Rechtschreibung, Grammatik und Ausdruck genügen.

1.4 Es werden ggf. drei weitere Mahnungen im Rahmen des außergerichtlichen Mahnverfahrens geschrieben.
1. Mahnung: höflicher, aber bestimmter Ton mit Bitte um Überweisung
2. Mahnung: bestimmter Ton mit Androhung von Mahngebühren und Verzugszinsen
3. Mahnung: bestimmter Ton mit Androhung eines gerichtlichen Mahnverfahrens; Berechnung von Mahngebühren und Verzugszinsen

Nach erfolgloser dritter Mahnung wird das gerichtliche Mahnverfahren eingeleitet, welches in ein Zwangsvollstreckungsverfahren münden kann.

1.5 Es handelt sich um einen zweiseitigen Handelskauf. Laut § 288 BGB dürfen dem Schuldner Verzugszinsen in Höhe von 8 Prozentpunkten über dem Basiszinssatz in Rechnung gestellt werden. Die Berechnung der Zinstage erfolgt nach der Eurozinsmethode taggenau. Der erste Kalendertag des Zinszeitraumes wird nicht mitgezählt, der letzte Kalendertag wird mitgezählt (§§ 187, 188 BGB).

Verzugszeit: 20.10.2013 (11 Tage)–24.11.2013 (24 Tage) = 35 Tage

10.805,20 · 8,12 · 35 : 360 : 100 = 85,30 EUR

1.6 280 Bank 10.890,50 EUR an 260 Forderungen 10.805,20 EUR
543 andere sonst. betriebl. Erträge 85,30 EUR
(evtl. auch Konto 571 Zinserträge)

1.7 drei Jahre mit Schluss des Kalenderjahres (§§ 195,199 BGB)

Forderung vom 20.09.2013: Verjährung ab 01.01.2017

1.8
- Barzahlung
- konsequente Überwachung der Zahlungstermine (evtl. Einrichtung einer Mahnabteilung)
- Ratenzahlung anbieten
- Rabatte für Vorauszahlung anbieten
- höhere Skontobeträge
- laufende Bonitätsprüfung der Kunden

Prüfungsaufgaben Winter 2013/2014 (Aufgabe 2)

2.1

Artikel	Menge in Stück	Bezugspreis je Stück in EUR	Gesamtwert in EUR	Gesamtwert in %
1010	80	550,00	44.000,00	3,63
1020	30	2.200,00	66.000,00	5,45
1030	46	800,00	36.800,00	3,04
1040	12	17.800,00	213.600,00	17,63
1050	5	32.500,00	162.500,00	13,41
2010	75	620,00	46.500,00	3,84
2020	22	3.500,00	77.000,00	6,36
2030	38	700,00	26.600,00	2,20
2040	7	26.250,00	183.750,00	15,17
3010	15	18.800,00	282.000,00	23,28
3020	40	900,00	36.000,00	2,97
3030	60	610,00	36.600,00	3,02
			1.211.350,00	100,00

Wertklassen-zuordnung	Artikel-nummer	Gesamtwert in %	Kumulierte Werte in %
A-Güter	3010	23,28	23,28
	1040	17,63	40,91
	2040	15,17	56,08
	1050	13,41	**69,49**
B-Güter	2020	6,36	6,36
	1020	5,45	11,81
	2010	3,84	15,65
	1010	3,63	**19,28**
C-Güter	1030	3,04	3,04
	3030	3,02	6,06
	3020	2,97	9,03
	2030	2,20	**11,23**

2.2 Die Wertklasse A enthält 4 von 12 Artikeln, aber 70 % des Beschaffungsaufwandes. Insbesondere im Hinblick auf die angestrebten Rationalisierungsmaßnahmen sollte ein Augenmerk auf der Beschaffung und Lagerung dieser Güter liegen. Preis- und Kostensenkungen wirken sich bei A-Gütern besonders stark aus.

Die Wertklasse C enthält ebenfalls 4 von 12 Artikeln, aber nur 10 % des Beschaffungsaufwandes. Hier ist eine vereinfachte Bedarfs- und Bestellabwicklung möglich.

2.3 a) Beschaffung von A-Gütern:
- exakte Bedarfsermittlung
- genaue Qualitäts- und Quantitätsprüfung
- geringe Bestellhäufigkeit bei hoher Abrufhäufigkeit
- gründliche Kostenanalyse

b) Lagerung von A-Gütern:
- genaue Handhabung von Sicherheits- und Meldebeständen
- genaue Bestandsüberwachung
- evtl. just in time

2.4 Beim Bestellrhythmusverfahren erfolgt die Bestellung immer in gleichmäßigen Zeitabständen. Sofern der Verbrauch relativ konstant ist, ist das Bestellrhythmusverfahren sinnvoll. Wechselnde Nachfrage kann allerdings schnell zu hohen Lagerbeständen führen. Dies führt zu hohen Lagerhaltungskosten.

Prüfungsaufgaben Sommer 2014 (Aufgabe 1, teilweise)

1. Siehe **Anlage 1.**

3. Siehe **Anlage 2.**

Anlage 1

Bestellmenge	Bestellhäufigkeit/ Jahr	Ø Lagerbestand in Stück	Ø Lagerbestand in EUR	Lagerhaltungskosten in EUR	Bestellkosten in EUR	Gesamtkosten in EUR
50	1	25	125.000,00	6.250,00	250,00	6.500,00
25	2	12,5	62.500,00	3.125,00	500,00	3.625,00
10	5	5	25.000,00	1.250,00	1.250,00	2.500,00
5	10	2,5	12.500,00	625,00	2.500,00	3.125,00

Anlage 2

	Angebot 1 Clean & Clever GmbH	Angebot 2 Penguin Ltd. (SEK)	Angebot 3 Salvador Ltd. (BRL)
Listeneinkaufspreis	79.500,00	800.000,00	182.225,00
– Lieferantenrabatt	---------------	120.000,00	---------------
= Zieleinkaufspreis	79.500,00	680.000,00	182.225,00
– Lieferantenskonto	2.385,00	13.600,00	---------------
= Bareinkaufspreis	77.115,00	666.400,00	182.225,00 BRL 59.531,20 EUR
+ Bezugskosten	289,00		
• Seefracht			3.675,00 BRL 1.200,59 EUR
• Zoll			1.845,95
• Entladung HH			200,00
• Einfuhrkosten			300,00
• Transport HH – MA			350,00
• Versicherung			
– Santos – HH			800,00
– HH – MA			40,00
= Bezugspreis in EUR	77.404,00	76.234,93	64.267,74

Berechnung des Zolls:

1. Zollwert:

Warenwert	182.225,00 BRL
Seefracht Santos – HH (ohne Entladekosten)	3.675,00 BRL
Zwischensumme	185.900,00 BRL : 3,061 = 60.731,79 EUR
Versicherung Santos – HH	800,00 EUR
Zollwert an der EU-Außengrenze	61.531,79 EUR

2. Zoll:
   61.531,79 EUR · 0,03 = 1.845,95 EUR

Prüfungsaufgaben Sommer 2014 (Aufgabe 2, teilweise)

1. Siehe **Anlage 8.**

2.1 Alternativen in der Darstellung möglich (etwa Blockdiagramm)

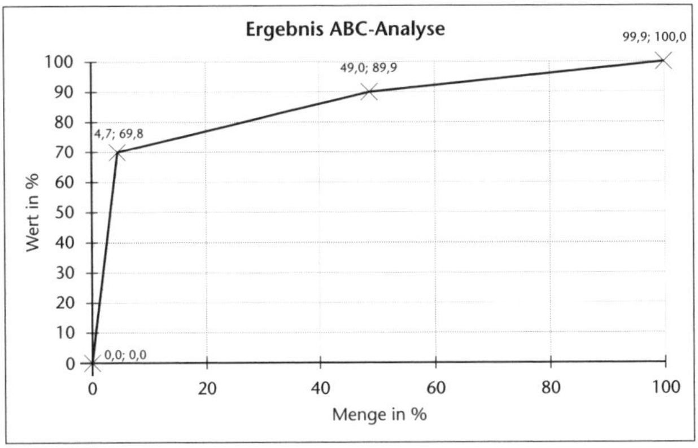

2.2 <u>Konsequenzen:</u>
Ermittlung von A-, B- und C-Gütern.
A-Güter: hoher Wertanteil → Konzentration der Aktivitäten, weil größeres Sparpotenzial, z. B. Bestimmung der optimalen Bestellmenge, regelmäßiger Angebotsvergleich, ständige Preisverhandlungen ...
B-Güter: mittlerer Anteil → Einzelfallentscheidung
C-Güter: hoher Mengenanteil, geringer Wertanteil → geringere Aufmerksamkeit, z. B. Bestellrhythmusverfahren, großzügige Sicherheitsbestände ...

2.3 <u>Schwierigkeiten:</u>
Die Daten sind vergangenheitsbezogen: Preise und Verbrauchsmengen können sich verändern und müssen deshalb immer wieder angepasst werden.

Anlage 8

	Mengenbetrachtung		Wertbetrachtung			
	(1)	(2)	(3)	(4)	(5)	(6)
	Menge Jahres-bedarf	%-Anteil Menge	Einkaufs-preis pro Stück	Einkaufswert/ Verbrauchswert	%-Anteil Wert	Rang nach Wert
Artikel	Stück	%	EUR	EUR	%	
Rennräder	500	1,38	580,00	290.000,00	18,70	2
Mountainbikes	1.200	3,31	660,00	792.000,00	51,08	1
Trikots	1.500	4,13	14,00	21.000,00	1,35	10
Hosen	2.100	5,79	17,00	35.700,00	2,30	7
Helme	1.900	5,23	24,00	45.600,00	2,94	6
Handschuhe	10.500	28,93	10,00	105.000,00	6,77	3
Radfahr-unterwäsche	2.500	6,89	9,00	22.500,00	1,45	9
Socken	10.500	28,93	3,00	31.500,00	2,03	8
Schuhe	3.100	8,54	33,00	102.300,00	6,60	5
Windbreaker	2.500	6,89	42,00	105.000,00	6,77	3
Summe	36.300	100 (100,02)		1.550.600,00	100 (99,99)	

Rang	Artikel	%-Anteil Menge	%-Anteil Wert	Gruppe
1	Mountainbikes	3,30	51,08	A
2	Rennräder	1,38	18,70	A
3	Handschuhe	28,91	6,77	B
4	Windbreaker	6,88	6,77	B
5	Schuhe	8,54	6,60	B
6	Helme	5,23	2,94	C
7	Hosen	5,78	2,30	C
8	Socken	28,91	2,03	C
9	Radunterwäsche	6,88	1,45	C
10	Trikots	4,13	1,35	C
Summe		100	100	

Prüfungsaufgaben Sommer 2014 (Aufgabe 3, teilweise)

1.1 Ablaufplan:
- Kontaktaufnahme und Begrüßung
- Warenvorführung
- Preisnennung
- Kundeneinwände
- Gesprächsabschluss

1.2 Preisrechtfertigung:
Hinweis auf lange Lebensdauer und geringere Energiekosten

2.1 Voraussetzung für Gewährleistung:
- Schlechtleistung; hier: keine Funktion, erfüllt
- unverzügliche Prüfung/Rüge; hier: am Tag nach Lieferung, erfüllt

Recht der Krass GmbH:
Nacherfüllung, d. h. Reparatur oder Ersatzlieferung nach Wahl des Kunden (geringfügiger Mangel hier nicht gegeben)

Die verlangte Rücknahme (Rücktritt) ist nur möglich, wenn die Nacherfüllung gescheitert ist.

(Evtl. Berücksichtigung in der Bewertung: z. B. Rücknahme auf Kulanz, um den Kunden nicht zu verlieren)

Prüfungsaufgaben Winter 2014/2015 (Aufgabe 1)

1.1
- Lieferantendatei
- Fachmessen
- Internet
- Branchenbuch
- Berichte von Vertriebsmitarbeitern
- usw.

1.2 Anfrage siehe **Anlage 1**.
Wichtige Inhalte:
- Name und Anschrift des Lieferanten
- Betreff: Anfrage
- Aufforderung, ein Angebot abzugeben
- Menge und Beschreibung des zu bestellenden Artikels
- Nachfrage nach Lieferungs- und Zahlungsbedingungen
- Grußformel

1.3

	Mode Company		Fashion World		Textil Factory	
Listenpreis		148.500,00 EUR		153.450,00 EUR		146.250,00 EUR
– Liefererrabatt	3 %	4.455,00 EUR	5 %	7.672,50 EUR	0 %	– EUR
= Zieleinkaufspreis		144.045,00 EUR		145.777,50 EUR		146.250,00 EUR
– Liefererskonto	0 %	0,00 EUR	3 %	4.373,33 EUR	2 %	2.925,00 EUR
= Bareinkaufspreis		144.045,00 EUR		141.404,18 EUR		143.325,00 EUR
+ Bezugskosten		405,00 EUR		– EUR		350,00 EUR
= **Einstandspreis**		**144.450,00 EUR**		**141.404,18 EUR**		**143.675,00 EUR**

Wir entscheiden uns für den günstigsten Lieferanten Fashion World.

1.4 Bsp.:

- Lieferzeit
- Zuverlässigkeit
- Image (guter Ruf)
- Serviceleistungen
- Qualität
- Kulanz bei Abwicklung von Leistungsstörungen
- usw.

Gewichtung und Begründung schülerabhängig

1.5

Jahresbedarf	8.000 Stück
Bestellkosten je Bestellung	71,00 EUR
Lagerkostensatz	**8%**
Einstandspreis/Stück	**30,00 EUR**

Anzahl der Bestellungen (pro Jahr)	Bestell-menge	Durchschnittlicher Lagerbestand (Stück)	Lagerhaltungs-kosten (EUR)	Bestell-kosten (EUR)	Gesamt-kosten (EUR)
1	8.000	4.000	9.600,00	71,00	9.671,00
2	4.000	2.000	4.800,00	142,00	4.942,00
5	1.600	800	1.920,00	355,00	2.275,00
10	800	400	960,00	710,00	1.670,00
20	400	200	480,00	1.420,00	1.900,00

Die optimale Bestellmenge liegt bei 800 Stück.

1.6 Bsp.:

- Ausnutzung von Sonderangeboten und Rabatten
- saisonale Schwankungen
- Ankündigung von Preiserhöhungen
- begrenzte Lagerfähigkeit
- Lieferant verlangt Mindestabnahmemenge
- fehlende Liquidität
- usw.

Anlage 1

Sportgroßhandlung Sport & Fun KG

Mooswaldallee 51
79108 Freiburg

Mode Company GmbH
Tichauer Weg 104
40231 Düsseldorf

Unsere Zeichen	Telefon	Datum
SF	0761 54693-221	03.03.2014

Anfrage

Sehr geehrte Damen und Herren,

wir möchten unser bisheriges Sortiment erweitern und zukünftig sportliche Freizeitmode anbieten. Wir bitten Sie deshalb, ein Angebot für folgenden Artikel abzugeben:

Kapuzenpullover
Menge: 4.500 Stück
Material: 100 % Baumwolle
Farbe: Schwarz

Bitte teilen Sie uns auch Ihre Lieferungs- und Zahlungsbedingungen mit.

Für eine rasche Angebotsabgabe danken wir im Voraus.

Mit freundlichen Grüßen

M. Mustermann

i. A. Max Mustermann

Gerichtsstand:	Freiburg	Finanzamt:	Freiburg
Handelsregister:	HRA 66 54	Steuernr.:	95070/04423
Geschäftsführer:	Walter Fuchs	USt-IdNr.:	DE680251736

Prüfungsaufgaben Sommer 2015 (Aufgabe 1, teilweise)

1.1.1 Auftragsbestätigung erstellen oder alternativ Lieferung veranlassen.

Anlage 1: Anfrage des Kunden ist keine rechtsbindende Willenserklärung.

Anlage 2: Angebot ist eine erste rechtsbindende Willenserklärung (Antrag).

Anlage 3: Bestellung ist eine neue erste Willenserklärung (Antrag), da die Frist des ersten Antrags überschritten ist.

Auftragsbestätigung oder Lieferung ist die zweite rechtsbindende Willenserklärung (Annahme), somit kommt der Kaufvertrag zustande.

1.1.2	2400 Forderungen	6.812,75	an	5000	Umsatzerlöse	5.725,00
				4800	Umsatzsteuer	1.087,75
1.1.3	1. Buchung (Korrekturbuchung)					
	5002 Kundenskonti	114,50	an	2400	Forderungen	136,25
	4800 Umsatzsteuer	21,75				
	2. Buchung					
	2800 Bank	6.676,50	an	2400	Forderungen	6.676,50

1.3 Gesprächsvorlage:

- Entschuldigung beim Kunden
- Stammkunde soll nicht verärgert werden. Vorschlag: kostenlose Rücknahme der mangelhaften Packungen auf Kulanz und Verzicht auf den Rechnungsbetrag der mangelhaften Packungen.
- Nachlieferung/Ersatzlieferung
- (alternativ: kostenlose Rücknahme und Ersatzlieferung mit einem Rabatt)
- (alternativ: ersatzlose Rücknahme und Gutschrift in Höhe der mangelhaften Packungen)

Rechtliche Situation:

- Käufer kann nicht sofort vom KV zurücktreten.
- Verkäufer hat das Recht auf zweimal Nacherfüllung, Nachbesserung oder Ersatzlieferung.
- Erst nach dem Scheitern der zweiten Nacherfüllung kann Käufer vom KV zurücktreten (nachrangiges Recht).

Prüfungsaufgaben Winter 2015/2016 (Aufgabe 1)

1.1

Aussagen/Formulierungen	Gesprächsphase
„Herzlich willkommen, Frau Wunder. Ich freue mich, Sie in unserem Schauraum begrüßen zu dürfen." „Ich bin darüber informiert, dass Sie sich für unsere Wellnessliege Modell *Saturn* interessieren."	Begrüßung und Kontaktaufbau
Variante 1: „Mir wurde berichtet, dass Sie sowohl kosmetische Gesichtsbehandlungen als auch Fußpflege in Ihrem Institut durchführen werden. Entsprechend einfach sollte die Handhabung der Wellnessliege sein. Hätten Sie Lust, die Funktionen des Modells zu testen?" „Hier können Sie die Polstereigenschaften gerne testen. Nehmen Sie auf dem Modell Saturn Platz." Variante 2: „Für welchen kosmetischen Zweck werden Sie die Wellnessliegen hauptsächlich verwenden?" „Welche Polstereigenschaften stellen Sie sich vor?"	indirekte Bedarfsermittlung/ -analyse direkte Bedarfsermittlung/ -analyse
„Beim Modell *Saturn* sind die Beinstützen unabhängig voneinander regulier- und verstaubar. Kopf- und Fußstützen sind einstellbar. Die Armlehnen sind drehbar." Beratung: PU-Polsterung „Die Polsterung besteht aus hochwertigem PU, welches den Vorteil hat, dass Sie trotz hoher Temperaturen im Sommer auf der Wellnessliege nicht schwitzen. Das Material lässt sich leicht reinigen." Beratungsschwerpunkt: Farbauswahl „Dieses Modell ist in Weiß lieferbar. Durch einen passgenauen Liegenbezug können Sie aus der Farbpalette Rot, Gelb, Blau und Grün auswählen." Beratungsschwerpunkt: Maße „Das Modell *Saturn* punktet mit seinem kleineren Aufbau. Die Liegefläche beträgt nur 189 cm bei einer maximalen Breite von 80 cm. So können Sie auch zwei Modelle in einem Behandlungszimmer unterbringen."	Kundenberatung und Verkaufsargumentation
Sandwichmethode: „Die Wellnessliege *Saturn* mit ihren drei Motoren ist flexibel einsetzbar. Für 1.533,00 EUR erhalten Sie zudem eine äußerst bedienungsfreundliche Wellnessliege."	Preisgespräch

Aussagen/Formulierungen	Gesprächsphase
Einwand gegen die Ware: Zum Beispiel: „Ein farbiger Wellnessliegenbezug ist nicht mehr zeitgemäß." Antwortmöglichkeiten Ja-aber-Methode: „Ja, da haben Sie recht. Aber durch einen andersfarbigen Bezug können Sie schnell ein farbiges Highlight setzen, ohne die ganze Liege auszutauschen." Bumerang-Methode: „Da gebe ich Ihnen recht. Ein farbiger Bezug ist optisch nicht so schön, wie ein passgenaues farbiges Polster. Sie können durch den schnellen Bezugwechsel aber farbige Highlights in Ihren Praxisräumen setzen. Da verzichtet man doch gerne auf eine festgelegte Farbwahl. Insbesondere, wenn diese Farbe sich als überholter Trend entpuppt." Einwand gegen den Preis: Zum Beispiel: „Das ist aber teuer." Frage-Methode: „Sie finden also, dass das viel Geld für eine Wellnessliege ist? Da stimme ich Ihnen zu. Dafür haben Sie mit der Wellnessliege *Saturn* volle Flexibilität bei minimalem Platzangebot. Das heißt, Sie können Behandlungen sowohl im Liegen als auch im Sitzen durchführen und die Beinstützen, wenn Sie sie für die Behandlung nicht brauchen, einfach verstauen."	Einwandbehandlung
„Haben Sie noch weitere Fragen?" „Wollen Sie mit dem Modell *Saturn* Ihren Kunden einen angenehmen Aufenthalt in Ihrem Institut ermöglichen?" „Möchten Sie einen Kauf tätigen?" „Mit dieser Entscheidung haben Sie eine gute Wahl getroffen. Sie werden sich bei jedem Einsatz über die Flexibilität/Bedienungsfreundlichkeit der Wellnessliege freuen." „Vielen Dank. Ich wünsche Ihnen noch einen schönen Tag."	Abschluss

1.2 To-do-Liste vor Angebotserstellung:
Überprüfung der
- Lieferfähigkeit,
- Lieferwilligkeit,
- Bonität der GesundundLeben GmbH.

1.3 Siehe **Anlage 1.**

1.4.1

Verkaufsprozess	Datum	Bemerkung
Kontaktaufnahme		Messebesuch Stuttgart
Verkaufsgespräch	10.10.2015	
E-Mail *Bitte um Angebot*	12.10.2015	
Angebot	12.10.2015	
Bestellung	19.10.2015	
Auftragsbestätigung	20.10.2015	Rechtsgültigkeit KV entstanden durch zwei übereinstimmende WE (Bestellung = Antrag; Auftragsbestätigung = Annahme)
Lieferschein/Rechnung/Versand	06.11.2015	
Lieferung der Ware	09.11.2015	

1.4.2

Zahlungstermin bei Skontonutzung	23.11.2015	Rechnungsbetrag in Höhe von 20.603,86 EUR
Zahlung fällig	09.12.2015	Rechnungsbetrag in Höhe von 21.024,35 EUR

1.4.3 Kundendateieintrag:

GesundundLeben GmbH zahlt bei einer Auftragssumme von 21.024,35 EUR verspätet.
Zahlungsmoral als eher schlecht einzustufen: 28 Tage nach Fälligkeit
Handlungsempfehlung für künftige Geschäftsbeziehung: Vorauszahlung/Anzahlung

Anlage 1

WellnessTec KG

Großhandel für Wellness- und Kosmetikliegen

Mannheimer Str. 23 – 25
73730 Esslingen

WellnessTec KG Großhandel, 73730 Esslingen

GesundundLeben GmbH
Herr Schaller
Kantstr. 3
22089 Hamburg

Name: Ihr Name
Telefon: 0711 316845-260
Fax: 0711 316845-94
E-Mail: ihrname@wellnesstec.de
Homepage: www.wellnesstec.de

Datum 12.10.2015

Angebot Nr.: **21002**

Sehr geehrter Herr Schaller,
vielen Dank für Ihre spezifische Anfrage. Aus unserem umfangreichen Sortiment bieten wir Ihnen freibleibend an:

Nr.	Beschreibung	Menge	Einheit	VK-Preis	MwSt. %	Betrag
48527	Kosmetikliege Saturn	12	Stück	1.533,00	19	18.396,00
					Zwischensumme	**18.396,00**
					Mengenrabatt: 2 %	367,92
					Zwischensumme	**18.028,08**
					Messerabatt: 2 %	360,56
					Total EUR ohne MwSt.	**17.667,52**
					19 % MwSt.	3.356,83
					Total EUR inkl. MwSt.	**21.024,35**

Zahlungsbedingung: 14 Tage 2 % Skonto, sonst 30 Tage auf Ziel nach Wareneingang

Lieferbedingung: frei Haus

Lieferdatum: 09.11.2015

Lieferadresse: GesundundLeben GmbH
Börsenplatz 12b
70132 Stuttgart

Wir versprechen Ihnen eine sorgfältige Ausführung Ihres Auftrages und weisen Sie freundlich auf unsere AGB hin.

Mit freundlichen Grüßen
Ihr Name

WellnessTec KG
Großhandel für Wellness- und Kosmetikliegen
Mannheimer Str. 23 – 25 • 73730 Esslingen
Esslingen HRB 1814
Geschäftsführer: Nils Dührkop, Heino Oberschlep, Dr. Michael Meier

Esslingen Bank
IBAN: DE04 3006 0000 0000 3332 77
BIC: DELADEWTXXX
USt-IdNr.: DE814577839

Prüfungsaufgaben Winter 2015/2016 (Aufgabe 2)

2.1 Bürostuhl *klassiko*

Meldebestand = Mindestbestand + (Beschaffungs- oder Lieferzeit · Tagesabsatz)

Meldebestand = 40 + (8 · 15) = 160 Bürostühle

Die Bestellzeitpunkte sind beispielsweise ausgehend vom 04.11. der 08.11. und 24.11.

Möglicher Lösungsweg (auch grafische Lösung denkbar):

- Aktueller Lagerbestand am 04.11.: 220 Stück
- Verbrauch bis Meldebestand erreicht: 220 – 160 = 60 Stück
- Verbrauchszeitraum: 60 : 15 = 4 Tage
- Bestellzeitpunkt: 04.11. + 4 Tage = 08.11.
- Optimale Bestellmenge: 240 : 15 = 16 Tage, bis Meldebestand wieder erreicht ist
- 08.11. + 16 Tage = 24.11. (Bestellzeitpunkt)

2.2.1

Chancen	Risiken
• Minderung der Beschaffungskosten • Möglichkeit einer Sortimentserweiterung • Erweiterung des Lieferantennetzwerkes • geringere Abhängigkeit von einzelnen Lieferanten • Sicherung der Lieferkapazitäten	• Währungsrisiko • Transportrisiko • politische Risiken • rechtliche Risiken aufgrund unterschiedlicher Rechtslagen • unterschiedliches Qualitätsverständnis

2.2.2 Siehe **Anlage 2.**

2.3 Alternative 1:
Die Büro-Zimmer GmbH kann gemäß § 323 BGB vom Kaufvertrag zurücktreten und/oder gemäß § 281 BGB die 250,00 EUR Differenz, die bei dem anderen Lieferanten mehr zu zahlen sind, als Schadenersatz von der Perfect Office KG verlangen.

Alternative 2:
Die Büro-Zimmer GmbH kann auch in diesem Fall gemäß § 323 BGB vom Kaufvertrag zurücktreten und/oder gemäß § 284 BGB Ersatz vergeblicher Aufwendungen in Höhe von 150,00 EUR (Werbeaufwand) verlangen.

Anlage 2

	Angebot 1 Möbelvertrieb GmbH	**Angebot 2 CIF British Design Ltd.**	**Angebot 3 FOB Japan-Office-Planet Ltd.**
	EUR	**EUR**	**EUR**
Listeneinkaufspreis	17.980,00	15.009,93	9.800,00
– Liefererrabatt 5 %	899,00	–	–
= Zieleinkaufspreis	17.081,00	15.009,93	9.800,00
– Liefererskonto 2 %	341,62	–	–
= Bareinkaufspreis	16.739,38	15.009,93	9.800,00
+ Bezugskosten			–
Seefracht	–	–	3.300,00
Seeversicherung J – HH	–	–	1.250,00
Zoll	–	–	861,00
Entladekosten (Löschkosten) in HH	–	420,00	420,00
Einfuhrkosten D	EU-Land!	EU-Land!	120,00
Transportkosten HH – S	–	440,00	440,00
Transportversicherung HH – S	–	100,00	100,00
= Bezugspreis	**16.739,38**	**15.969,93**	**16.291,00**

Hinweise zur Berechnung des Zolls entnehmen Sie bitte Anlage 3.

Anlage 3: Zollwert und Zoll

Bareinkaufspreis	9.800,00 EUR
+ Seefracht J – HH	3.300,00 EUR
+ Seeversicherung J – HH	1.250,00 EUR
= Zollwert	14.350,00 EUR
· 6 % Einfuhrzoll	861,00 EUR

Die Büro-Zimmer GmbH sollte sich für den preisgünstigsten Lieferanten, die British Design Ltd., entscheiden.

2 Inländischer Zahlungsverkehr (= LF 1)

2.2 Die Überweisung[1]

2.3 Der Scheck

1. a) schriftliche Anweisung des Ausstellers an ein Kreditinstitut, aus seinem Guthaben bei Sicht einen bestimmten Geldbetrag an den berechtigten Empfänger zu zahlen

   b) Zahlungsmittel (bargeldlos oder halbbar)

   c) Aussteller, bezogene Bank, Scheckempfänger (= Schecknehmer)

2. eventuell Bestrafung wegen Betrug

3. a) kaufmännische und gesetzliche Bestandteile

   b) Gesetzliche Bestandteile: Vom Scheckgesetz zwingend vorgeschrieben; fehlt ein gesetzlicher Bestandteil: Scheck ist ungültig.

   Kaufmännische Bestandteile: Sie dienen der Erleichterung der bankmäßigen Abwicklung. Fehlt ein kaufmännischer Bestandteil, ist der Scheck dennoch gültig.

4. Es gilt der Betrag in Buchstaben, da er gesetzlicher Bestandteil ist.

5. a) am Zusatz „oder Überbringer“ (= Überbringerklausel)

   b) **Inhaberscheck:** Jeder Besitzer (Überbringer) ist rechtmäßiger Empfänger. Der Inhaber braucht seine Berechtigung nicht besonders nachzuweisen. Alternativbezeichnung: Überbringerscheck. Übertragung durch Einigung und Übergabe.

   Namensscheck: Nur die Person ist rechtmäßiger Empfänger, deren Name auf dem Scheck steht. Der Inhaber muss seine Berechtigung nachweisen (z. B. Personalausweis). Alternativbezeichnung: Orderscheck. Übertragung durch Indossament.

6. Bareinlösung bei bezogener Bank, Gutschrift auf Konto oder Weitergabe

7. um eine Mithaftung der Vormänner zu erreichen

8. Vordatierung: Der auf dem Scheck vermerkte Ausstellungstag liegt in der Zukunft. Die Vordatierung ist ohne Bedeutung, da der Scheck bei Sicht zahlbar ist. Vgl. jedoch 10.

9. a) Indossament: Übertragungsvermerk auf der Scheckrückseite

   b) Beim Inhaberscheck: Haftungserhalt; beim Namensscheck (Orderscheck): notwendig zur Rechtsübertragung

   c) Inhaberscheck; dennoch sinnvoll wegen Haftungserhalt

10. Aussteller kann Scheck sperren lassen.

11. als Einschreibebrief versenden wegen Gefahr missbräuchlicher Verwendung

12. Verrechnungsscheck

---

[1] *Vgl. Stofftelegramm.*

13. a) „Nur zur Verrechnung" querschreiben bzw. stempeln

    b) Es erfolgt keine Barauszahlung, sondern nur Gutschrift auf dem Konto des Einreichers. Somit erhöhte Sicherheit, da Einreicher bekannt.

14. Änderungen und Streichungen des vorgedruckten Textes dürfen nicht vorgenommen werden. Sie gelten als nicht erfolgt.

15. ohne Bedeutung

16. Üblich bei hohen Beträgen und Auslandszahlungen; erhöhte Sicherheit: Nur der genannte Scheckempfänger kann einlösen (Legitimationsprüfung).

3 Internationale Handelsgeschäfte (= LF 1, 2)

3.1 Besonderheiten und Risiken des Außenhandels

1. a) Direkter Import: Importeur kauft unmittelbar beim ausländischen Anbieter. Evtl. auch Einschaltung von Absatzmittlern (Vertreter, Kommissionäre, Makler).
   Indirekter Import: Großhändler kauft beim inländischen Importgroßhändler (Letzterer importiert).
   b) Vgl. Stofftelegramm.
2. a) Direkter Export: Exporteur verkauft (evtl. unter Einschaltung von Absatzmittlern) unmittelbar an den Kunden im Ausland.
   Indirekter Export: Großhändler verkauft an inländischen Exportgroßhändler (letzterer exportiert).
   b) Vgl. Stofftelegramm.
3. • in- u. ausländische Messen • IHK • Fachverbände • Branchenverzeichnisse • Auslandshandelskammern • staatliche Behörden • ausländische Konsulate • Anzeigen (Fachzeitung) • Banken
4. Rechtsverhältnisse, Handelsbräuche und Mentalitäten (vgl. Stofftelegramm)
5. Handelsbräuche:
   - keine Gesetze, dennoch allgemein anerkannt
   - entstehen durch langjährige Praxis
   - Bsp.: Incoterms

6.–9. Vgl. Stofftelegramm.

10. a) Hermes-Deckung: Absicherung des Kreditrisikos und polit. Risikos durch die Hermes-Exportkreditversicherung (Ausfuhrbürgschaften oder Ausfuhrgarantien)
    b) Vgl. Stofftelegramm.

3.2 Lieferungsbedingungen (Incoterms)

1. a) „Incoterms“: Internationale Handelsbedingungen; sie regeln insbesondere die Verteilung der Kosten und Risiken auf Käufer und Verkäufer.
   b) Vorteile der Incoterms: Einheitliche Auslegung in allen Ländern, somit mehr Sicherheit für Verträge im internationalen Handelsverkehr.
   c) Vgl. Stofftelegramm.
2. a) Rangordnung beim I: cif – cf – fob – fas – ex works
   b) Rangordnung beim E: ex works – fas – fob – cf – cif
3. • Angebote aus verschiedenen Ländern besser vergleichbar, wenn alle bis zu einem bestimmten Empfangshafen kalkuliert sind.
   • Exporteur beschafft den Frachtraum und bezahlt die Seefracht.
   • Frachtraten und Versicherungsprämien müssen nicht für jedes Angebot errechnet werden.
   • Seeversicherungspolice muss Exporteur beschaffen, Seeversicherung muss er tragen.
4. Der Exporteur trägt die Kosten einschließlich Seeversicherung bis Empfangshafen. Der Exporteur trägt das Risiko, bis sich die Ware an Bord des Schiffes befindet. Weitere Risiken: Transportkostensteigerungen, Wechselkursrisiko.

5. a) Ausländischer Exporteur trägt Transportkosten bis Rotterdam; zudem trägt er die Risiken, bis die Ware sich an Bord des Schiffes befindet.
   b) Vgl. oben (3.)!
   c) Schiffsentladekosten, Fracht und Versicherung ab Rotterdam

6. Der Exporteur trägt Kosten und Risiken, bis sich die Ware längsseits des Schiffes (an der Laderampe) in Hamburg befindet. Unverzügliche Mitteilung an Käufer.
   Der Käufer trägt alle folgenden Kosten und Risiken. Er muss dem Exporteur rechtzeitig Schiff, Ladeplatz und den Zeitpunkt der Anlieferung bekannt geben.

3.3 Ein- und Ausfuhrverfahren

1. Außenwirtschaftsgesetz und Außenwirtschaftsverordnung

2. Der Außenhandel ist grundsätzlich frei; Ausnahmen: verbotene, genehmigungsbedürftige Außenhandelsgeschäfte.

3. a) Intrastat b) Einheitspapier für den Warenverkehr

4./5. Vgl. Stofftelegramm.

6. Zollgut: alle Einfuhrwaren bis zur zollamtlichen Abfertigung
   Freigut: alle Einfuhrwaren nach der zollamtlichen Abfertigung

7. Wertzölle

8. Schutzzölle: zum Schutz vor ausländischer Konkurrenz
   Finanzzölle: zur Erhöhung der Staatseinnahmen

9. a) Auslandsware soll der Inlandsware gleichgestellt werden.
   b) außerhalb der EU bei Einfuhren
   c) Nein; die Einfuhrumsatzsteuer ist als Vorsteuer absetzbar.

10. bei Lieferungen innerhalb der EU

11. c und d

12. Ziele der WTO:
    - Überwachung der Einhaltung der internationalen Handelsregeln
    - Schlichtungsinstanz bei Rechtsstreitigkeiten unter Mitgliedsländern

    Ziele des GATT:
    - Zollabbau
    - Verhinderung der Benachteiligung einzelner Länder durch Meistbegünstigungsklausel
    - Abschaffung der Diskriminierung einzelner Länder
    - Abschaffung der Einfuhrbeschränkungen
    - Verhinderung von Dumping

13. Meistbegünstigungsklausel: Alle ausgehandelten Zollzugeständnisse, die ein Land seinem Partnerland in einem sonstigen Handelsvertrag gewährt, gelten sofort und ohne Gegenleistung für alle anderen GATT-Mitglieder auch.
    Zweck: Verhinderung der Benachteiligung einzelner Länder

3.4 Außenhandelsdokumente

1. a) Transportdokumente: Konnossement, Internationale Frachtbriefe, Luftfrachtbrief
   Versicherungsdokumente: Versicherungspolice (General- und Einzelpolice)
   Zolldokumente: Handels-, Zoll-, Konsulatsfaktura, Ursprungszeugnis, Warenverkehrsbescheinigung, Lieferantenerklärung

   b) Vgl. Stofftelegramm.

2. a) Ursprungszeugnis: Die Einfuhr bestimmter ausländischer Waren ist ursprungszeugnispflichtig. Das Ursprungszeugnis dient der Zollbehörde des Bestimmungslandes als Nachweis für die tatsächliche Herkunft der Ware.
   b) Konnossement: Warenwertpapier, das den Empfang der Ware durch den Verfrachter bescheinigt und ein Beförderungs- und Ablieferungsversprechen (Ablieferung an den Inhaber des Konnossements) enthält. Eigentumserwerb an der Ware durch Übergabe des indossierten Konnossements. Das Konnossement vertritt die Ware rechtlich und wird gegen Kaufpreiszahlung stellvertretend für die Ware an den Käufer übergeben.
   c) Luftfrachtbrief:
      - Versand- und Transportnachweis
      - Beweisurkunde über Empfang der Ware durch Luftfrachtführer
      - Beweisurkunde für Abschluss des Beförderungsvertrages
      - Frachtrechnung
      - Zollpapier
      - Versicherungsbescheinigung
   d) Versicherungspolice:
      - Urkunde über Versicherungsvertrag
      - Nachweis über ordnungsgemäße Versicherung der Exportsendung
3. a) Generalpolice: langfristiger Versicherungsvertrag bei gleichartigen Transporten; die Abrechnung erfolgt nachträglich.
   b) Einzelpolice: Versicherung eines einzelnen Transports; kostspieliger als Generalpolice

3.7 Prüfungsaufgaben

Prüfungsaufgaben Winter 2012/2013 (Aufgabe 1, teilweise)

1.3.1 Zwei Argumente, z. B.:
Wird die Zahlungsbedingung des Angebots (Vorauskasse) beibehalten, geht der Importeur ein hohes Risiko ein. Gerade im Außenhandel kennt man häufig nicht den Verkäufer und es ist schwieriger, dessen Lieferzuverlässigkeit zu überprüfen. Der Importeur erhält durch die Zahlung mit dem Dokumentenakkreditiv die Sicherheit, dass sich die Ware auf dem Weg zu ihm befindet, wenn er bezahlt. Des Weiteren erhält der Importeur die Garantie, dass die Dokumente ihm vollständig und inhaltlich richtig durch die eigene Bank ausgehändigt werden.
Sollte ein reines Konnossement Bestandteil des Akkreditivs sein, hat der Importeur darüber hinaus die Gewissheit, dass die Ware in einwandfreiem Zustand auf das Schiff in Shanghai verladen wurde.

1.3.2 Zum Beispiel
- Konnossement
- Ursprungszeugnis
- Versicherungsnachweis

1.4.1	6000 Aufw. für Waren	41.877,30	an	2800	Bank	41.877,30
1.4.2	6001 Bezugskosten (Zoll)	3.350,18	an	2800	Bank	11.943,40
	2600 Einfuhrumsatzsteuer	8.593,22				

Nebenrechnung (nicht verlangt)
Zoll = Zollwert · Zollsatz : 100
Zoll = 41.877,30 EUR · 8 : 100

Zollwert + Zoll = Bemessungsgrundlage für die Einfuhrumsatzsteuer
41.877,30 EUR + 3.350,18 EUR = 45.227,48 EUR davon 19 % → 8.593,22 EUR

Prüfungsaufgaben Sommer 2014 (Aufgabe 1, teilweise)

2.
- Transportrisiko:
  Warentransportversicherung: Einzelpolice, Generalpolice
- Währungsrisiko:
  Devisentermingeschäft des Importeurs zur Absicherung des Währungsrisikos.
  Der Importeur kauft am Tag des Kaufvertragsabschlusses den Rechnungsbetrag an ausländischer Währung bei seiner Bank per Termin zum Terminkurs. Die Bank ist demnach verpflichtet, am bestimmten Termin die entsprechenden Devisen zum vereinbarten Kurs bereitzustellen.
- Kreditrisiko:
  Der Importeur hat die Möglichkeit, den vorausbezahlten Betrag auf ein Sperrkonto bei einer Bank zu transferieren und der Bank den Auftrag zu geben, diesen Betrag nur auszuzahlen, wenn der Wareneingang vom Importeur bestätigt wird.
- Politisches Risiko:
  Nicht durch staatliche „Einfuhrgenehmigungen" abzusichern. Private Versicherung möglich, jedoch aufgrund hoher Prämien wenig denkbar.

  Risiko, Absicherungsmöglichkeit, Layout in Bewertung einbeziehen

Prüfungsaufgaben Sommer 2015 (Aufgabe 1, teilweise)

1.2.1

Kosten	CIF Miami
ab Werk (2.000 · 21,10 EUR)	42.200,00 EUR
Rollfuhrkosten bis HBF St.	35,00 EUR
Verladekosten HBF St.	70,00 EUR
Frachtkosten bis HH	650,00 EUR
Versicherungskosten bis HH	150,00 EUR
Ausfuhr- und Zolldokumente	100,00 EUR
Kaigebühren Hafen HH	140,00 EUR
Verladekosten Hafen HH	210,00 EUR
Seefracht bis Miami	1.250,00 EUR
Seetransportversicherung	200,00 EUR
Summe	45.005,00 EUR

1.2.2
- unabhängiges Zahlungsversprechen seiner Exportbank (keine Gefahr des Zahlungsausfalles bei der Nichtabnahme bei Lieferung)
- bekommt evtl. das Geld früher, bereits bei Vorlage der entsprechenden Dokumente bei seiner Bank

4 Logistische Prozesse (= LF 3)

4.1 Lagerlogistik

1. Lagerlogistik: soll den störungsfreien optimalen Material- und Informationsfluss in der Kette Warenannahme – Lagerung – Auslagerung gewährleisten.
2. a) Begriff: Planung, Steuerung, Kontrolle und Optimierung der Warenflüsse entlang der gesamten unternehmensübergreifenden Wertschöpfungs- und Logistikkette

   Ziele:
   - Optimierung der Logistikkette für mehr Kundenzufriedenheit und Kundenbindung
   - effiziente Gestaltung von logistischen Geschäftsprozessen
   - bessere Abstimmung von Schnittstellen im und zwischen den Unternehmen der Wertschöpfungskette
   - Reduzierung von Kosten bei Lieferung, Umschlag und Lagerung von Waren

   b) Begriff: Es wird nur so viel Ware geliefert bzw. gelagert, wie nötig ist, um den aktuellen Bedarf zu decken.

   Vorteile:
   - niedrige Warenbestände und somit kurze Durchlaufzeiten
   - geringe Kapitalbindungs-, Lager- und Handlungskosten
   - kurze Reaktionszeiten bei Bedarfsänderungen

   Nachteile:
   - Gefahr von Lieferstörungen bei Streiks oder höherer Gewalt
   - höhere Transportkosten durch Kleinmengenbelieferung
   - ggf. keine Mengenrabatte möglich

   c)
   - Durch die hohe Produktqualität steigt die Kundenzufriedenheit und somit steigen langfristig die Umsätze.
   - Durch bessere Produkte können Marktanteile gewonnen werden und die Stellung des Unternehmens im Markt wird langfristig gesichert.
   - Prozesse werden kontinuierlich verbessert, was zu weniger Fehlern und geringeren Kosten führt.

   Eine bessere Kostensituation bei gleichzeitig steigender Qualität führt zu höherer Rentabilität.

4.2 Aufgaben (Funktionen) der Lagerhaltung

1. Ausgleichs-, Sicherungs-, Zeitüberbrückungs-, Veredelungs-, Spekulationsfunktion ...

2. Veredelungsfunktion: Bei manchen Produkten ist eine Lagerzeit notwendig zwecks Ausreifung, Trocknung ...

   Spekulationsfunktion: Lageraufstockung bei drohenden Preiserhöhungen („Hamsterkäufe“)

4.3 Anforderungen an ein Lager

1. Wegeoptimierung und Orientierung am durchschnittlichen Lagerbestand

2. Hohe Umschlagsleistung durch:
   - optimale Lagerplatzzuordnung
   - automatisierte Lager → schneller Zugriff
   - flexible Lager- und Transportsysteme
   - optimale Kommissionierung

3.
   - Gewerbeaufsichtsamt in Zusammenarbeit mit den Berufsgenossenschaften
   - Sicherheitsbeauftragter in Betrieben mit mehr als 20 Arbeitnehmern
   - Arbeitgeber (muss Gesundheitsgefahren beurteilen und schriftlich dokumentieren)

4. Vgl. 3. sowie:
   - Sicherheitskennzeichnungen (z. B. Warnzeichen)
   - sicherheitstechnische Maßnahmen (z. B. Leitern mit GS-Zeichen)
   - Sicherheitsregeln für Bildschirmarbeitsplätze
   - Brandschutzmaßnahmen ...

5. a) Chemikaliengesetz und Gefahrstoffverordnung

   b)
   - gefährliche Stoffe kennzeichnen
   - keine bzw. beschränkte Produktion oder Verwendung gefährlicher Stoffe
   - Schutzmaßnahmen treffen für Beschäftigte, die mit Gefahrstoffen umgehen
   - besondere Kennzeichnung gefährlicher Stoffe
   - Überwachung der Luftbelastung am Arbeitsplatz
   - Schutzausrüstungen bereitstellen
   - laufende Information der Beschäftigten über Gefahren

4.4 Lagerarten

4.4.1 Geordnetes oder chaotisches Lager

1. Festplatzsystem: Jedes Lagergut hat einen festen Lagerplatz.
   Freiplatzsystem: Unterbringung des Lagergutes am jeweils freien Platz (chaotisch)

2. Vorteile chaotischer Lagerung:
   - intensive Lagerraumnutzung → weniger Raumbedarf
   - weniger Lagerpersonal notwendig
   - kürzere Ein- und Auslagerungszeiten

   Nachteile chaotischer Lagerung:
   - Lagerplatz schwer auffindbar bei Computerausfall
   - bei Ausfall der Hebewerkzeuge Lagerentnahme schwierig (Abhängigkeit von der Technik)
   - hohe Fixkosten

3. Voraussetzungen:
   - hohe Anforderungen an die Lagerorganisation und Lagertechnik
   - jederzeitige Auskunftsbereitschaft notwendig („Was ist wo?")
   - Einsatz von EDV-Anlagen (komplexes System)
   - Anfertigung eines Lagerspiegels (Übersicht über freie und belegte Lagerplätze)

4.4.2 Zentrales oder dezentrales Lager

1. a)
   - Zentrales Lager: Lagerung sämtlicher Vorräte an einem Ort
   - Dezentrales Lager: Lager an verschiedenen Orten – möglichst nahe an Arbeitsplätzen

b) Vorteile zentraler Lager:
- übersichtlich
- geringe Raum- und Einrichtungskosten
- einfachere Kontrolle

Nachteile zentraler Lager:
- längere Transportwege (Kosten!)
- höheres Risiko, da alle Güter an einem Ort lagern

Vor- und Nachteile dezentraler Lager: analog umgekehrt

2. Vgl. Stofftelegramm.

4.4.3 Eigen- oder Fremdlager

1. Eigenlager: Lagerung in eigenen Räumen
   Fremdlager: Lagerung bei gewerbsmäßigem Lagerhalter oder Kommissionär

2. Lagerhalter: selbstständiger Kaufmann, der gewerbsmäßig die Einlagerung von Gütern für andere übernimmt

   Kommissionär: selbstständiger Kaufmann, der in eigenem Namen auf Rechnung eines anderen Waren kauft (Einkaufskommissionär) oder verkauft (Verkaufskommissionär)

3. • Der Lagerhalter bescheinigt dem „Einlagerer" auf Lagerschein den Erhalt der Ware.
   • Bei Verkauf der Ware übergibt der Verkäufer den Lagerschein an den Käufer, der damit Eigentümer der Ware wird → Herausgabeanspruch aufgrund des Lagerscheins.
   • Der Käufer übergibt den Lagerschein an den Lagerhalter und erhält die Ware.

4. Gründe für Fremdlager: vgl. Stofftelegramm

5. a) $50.000 + 30x = 40x \rightarrow x = 5.000$ Stück kritische Lagergröße
   b) Kosten der Eigenlagerung: $50.000{,}00 + 30 \cdot 10.000{,}00 = 350.000{,}00$ EUR
   Kosten der Fremdlagerung: $40 \cdot 10.000{,}00 = 400.000{,}00$ EUR

6. a) Kosten Eigenlagerung: fix 75.000,00 EUR; variabel 5,00 EUR pro m^3 → $5x + 75.000{,}00$
   Kosten Fremdlagerung: variabel 30,00 EUR pro m^3 → $30x$
   Kritisches Lagervolumen: $30x = 5x + 75.000{,}00 \rightarrow x = 3.000\ m^3$
   → Bei einem Lagervolumen von 2.500 m^3 ist Fremdlagerung kostengünstiger.

b)

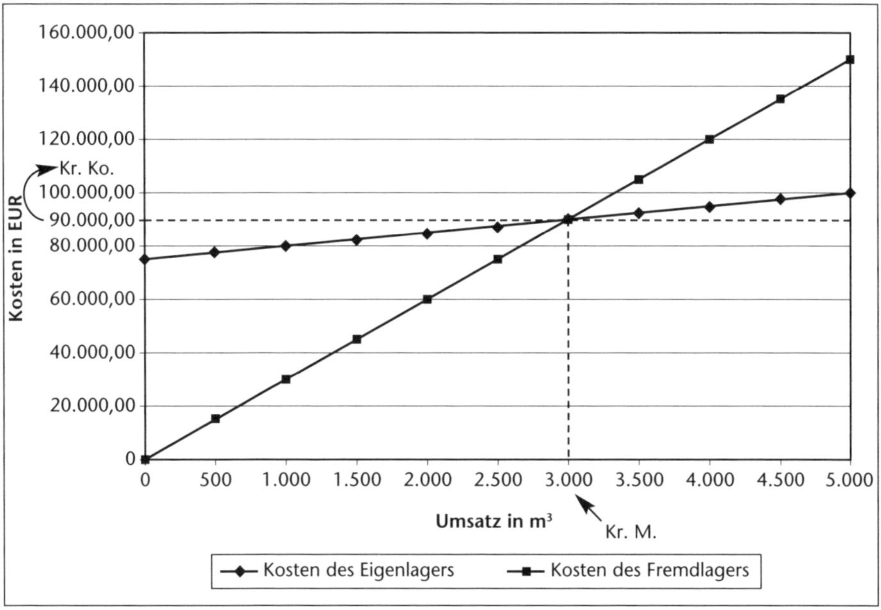

c) Warenwertpapier verbrieft Eigentumsrecht an der eingelagerten Ware. Der rechtmäßige Inhaber des Lagerscheins ist Eigentümer der Ware. Die Ware kann gehandelt oder verpfändet werden, ohne sie zu bewegen. Die Übergabe des Lagerscheins ersetzt die Übergabe der Ware.

4.5 Lagertätigkeiten

1. a) Kommissionierung:
   - Zusammenstellung der benötigten Waren im Lager/Verkaufsraum
   - Zerlegung großer Mengen in kundengerechte Kleinmengen
   - Wichtig: Wegeoptimierung (von Warenannahme bis Versand)

   b) Zustell- und Abholgroßhandel: Personal kommissioniert
   Selbstbedienungsgroßhandel: Kunde kommissioniert

2. a) + b) Vgl. Stofftelegramm.

4.7 Lagerkosten und Lagerkennzahlen

1. Fixe L'kosten:
   - Gehälter Lagerpersonal
   - Mietkosten für Lagergebäude
   - Versicherungen L'gebäude
   - Lagergebäudeabschreibung
   - Zinsen für Lagergebäudefinanzierung
   - Energiekosten Lagergebäude

   Variable L'k.:
   - Zinsen für das im Lager gebundene Kapital
   - z. T. Personalkosten, Versicherungen (sofern höhere Lagermenge höhere Personal- bzw. Versicherungskosten bewirkt)

2. a) Flächennutzungsgrad = 850 · 100 : 1.000 = **85 %**

   b) Raumnutzungsgrad = 2.550 · 100 : 4.000 = **63,75 %**

   c) Lagerreichweite = 400 : 15 = 26,67 Tage → rd. **26 Tage**

3. Der Eiserne Bestand sollte immer auf Lager sein, damit bei unvorhergesehenen Problemen im Beschaffungsbereich eine reibungslose Produktion gesichert ist.

4. Meldebestand: Bestand, bei dessen Erreichen neu bestellt werden muss
   Meldebestand = täglicher Verbrauch · Lieferzeit + Mindestbestand

5. progressive Kostensteigerungen (Fremdlagermiete usw.)

6. Ursachen: geringerer Lagerabgang (weniger Verkäufe) bei konstantem durchschnittl. Lagerbestand oder gestiegener durchschnittlicher Lagerbestand bei konstanten Lagerabgängen
   Folgen: steigender Kapitalbedarf (Kapital länger im Lager gebunden), steigende Lagerkosten, sinkende Wirtschaftlichkeit

7. a) durchschnittl. Lagerbestand $= \frac{10.000 + 18.000}{2} = 14.000{,}00$

   Umschlagshäufigkeit $= \frac{163.000}{14.000} = 11{,}64$

   durchschnittl. Lagerdauer $= \frac{360}{11{,}64} = 30{,}9$ Tage

   Lagerzinssatz $= \frac{8 \cdot 30{,}9}{360} = 0{,}69\ \%$

   b) durchschnittl. Lagerbestand $= \frac{63.640 + 888.480}{13} = 73.240{,}00$

   Umschlagshäufigkeit $= \frac{2.084.760}{73.240} = 28{,}46$

   durchschnittl. Lagerdauer $= \frac{360}{28{,}46} = 12{,}7$ Tage

   Lagerzinssatz $= \frac{10 \cdot 12{,}7}{360} = 0{,}35\ \%$

   c) durchschnittl. Lagerbestand $= \frac{227.800}{5} = 45.560{,}00$

   Umschlagshäufigkeit $= \frac{582.000}{45.560} = 12{,}77$

   durchschnittl. Lagerdauer $= \frac{360}{12{,}77} = 28{,}2$ Tage

   Lagerzinssatz $= \frac{8 \cdot 28{,}2}{360} = 0{,}63\ \%$

8. a) Kurve I: Mindestbestand mehrmals unterschritten (riskant, da bei Beschaffungsproblemen Produktionsstillstand droht). In Phase 3 Rückgang Rohstoffverbrauch, Auffüllung weit vor Erreichen des Mindestbestandes, Überschreitung Höchstbestand (progressive Kostensteigerungen). In Phase 4 Produktionsstillstand (Lieferprobleme, Stillstandskosten, äußerst problematisch).

Kurve II: Höchstbestand einmal überschritten (s. o.), Mindestbestand nie erreicht (Lagerkosten noch senkbar); insgesamt relativ stabilisierte, gute Lagerhaltung.

b) Durchschnittl. Lagerbestand = 6,5 Mio. EUR; UH = 78 : 6,5 = 12-mal
Durchschnittl. Lagerdauer = 360 : 12 = 30 Tage

c) 12 < 15: Ungünstig im Vergleich zur Konkurrenz; Kapitaleinsatz und Lagerkosten relativ höher, Gewinn relativ niedriger

9. Die durchschnittl. Lagerdauer gibt an, wie viele Tage ein Gut im Durchschnitt gelagert wird.

10. a) Steigende durchschnittl. Lagerdauer bedeutet steigenden Lagerzinssatz (vgl. Formeln).
b) Steigende Umschlagshäufigk. → durchschnittl. Lagerdauer sinkt → Lagerzinssatz sinkt

11. durchschnittl. LB sinkt → UH steigt → durchschnittl. LD sinkt → Lagerzinssatz sinkt

12. a) steigender Zinssatz, höhere Lagerdauer, höhere Lagerbestände

b) durchschnittl. Lagerbestand $= \frac{216.800 + 198.600}{2} = 207.700{,}00$

Umschlagshäufigkeit $= \frac{1.661.600}{207.700} = 8$

durchschnittl. Lagerdauer $= \frac{360}{8} = 45$ Tage

Lagerzinssatz $= \frac{16 \cdot 45}{360} = 2\,\%$

Zinsen = 2 % von 207.700,00 = 4.154,00

13. a) AB 400 TEUR
1. Q. + Zugang 350 – Abgang 450 = SB 300
2. Q. + Zugang 694 – Abgang 558 = SB 436
3. Q. + Zugang 368 – Abgang 300 = SB 504
4. Q. + Zugang 234 – Abgang 438 = SB 300

Durchschnittlicher Lagerbestand: (400 + 300 + 436 + 504 + 300) : 5 = 388 TEUR
Wareneinsatz: 400 + 350 + 694 + 368 + 234 –300 = 1.746 TEUR

b) Umschlagshäufigkeit: 1.746 : 388 = 4,5
Durchschnittliche Lagerdauer: 360 : 4,5 = 80 Tage

c) Lagerzinssatz: 6,75 % · 80 : 360 = 1,5 %

4.8 Maßnahmen zur Verbesserung der Wirtschaftlichkeit

1.
- Kauf auf Abruf
- Teillieferungsverträge
- Kommissionslager
- Senkung der Sicherheitsbestände
- Streckengeschäfte
- bessere Lagertechnik

2./3. Vgl. Stofftelegramm.

4.9 Zielkonflikte der Lagerhaltung

Vgl. Stofftelegramm.

4.10 Verkehrssysteme (geeignete Transportmittel)

1. Eisenbahn, Post, Güterkraftverkehr, privatwirtschaftlicher Paketdienst, Binnenschifffahrt ...

2. a) Kleingut, Wagenladungen, Sammelladungen

   b) Stückgut, Expressdienst, IC-Kurierdienst, Inter Cargo (vgl. Stofftelegramm)

   c) Gewicht, Wert, Entfernung, Beförderungsgeschwindigkeit

   d) Haftung bei Verlust, Beschädigung, Überschreitung der Lieferfrist bei Vorsatz, Fahrlässigkeit und Zufall; keine Haftung bei höherer Gewalt

3. Vgl. Stofftelegramm.

4. a) Güternahverkehr: im Umkreis von 50 km – erlaubnispflichtig
   Güterfernverkehr: über 50 km – genehmigungspflichtig
   Güterlinienverkehr: fahrplanmäßige Güterbeförderung auf best. Linien – genehmigungspflichtig

   b) Haftungsausschluss: kein vertraglicher Haftungsausschluss im Güterverkehr möglich
   Versicherungen: Versicherungspflicht im Güterverkehr für alle Haftungsfälle

5. Deutscher Paket Dienst (DPD); United Parcel Service (UPS)

4.13 Prüfungsaufgaben

Prüfungsaufgaben Winter 2012/2013 (Aufgabe 2)

2.1.1 $35 \cdot 1{,}5 \cdot x = 11.250 + (20 \cdot 1{,}5 \cdot x)$
$52{,}5 \cdot x = 11.250 + 30 \cdot x$
$22{,}5 \cdot x = 11.250$
$x = 500$

2.1.2

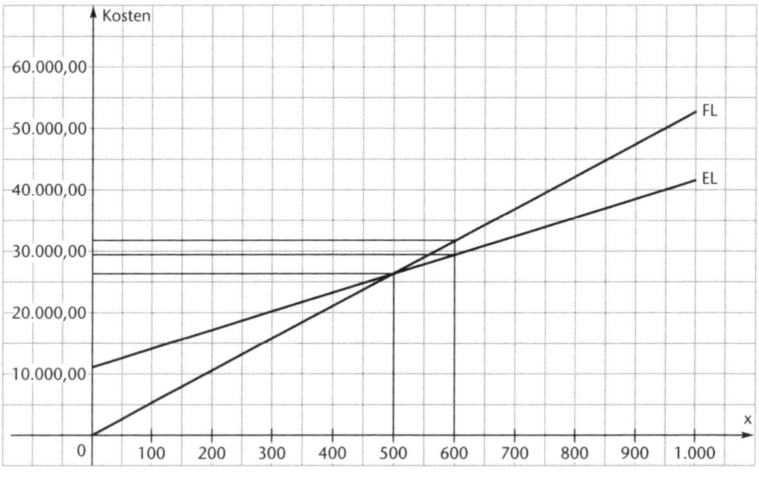

2.2.1 $\varnothing\ LB = \frac{AB + 12\ EB}{13} = \frac{600 + 6.800}{13} = 570$ Paar

$$UH = \frac{2.400}{570} = 4{,}21$$

$$\varnothing\ LD = \frac{360}{4{,}21} = 85{,}51 \text{ Tage} \rightarrow 86 \text{ Tage}$$

$$\text{Lagerzinssatz} = \frac{6 \cdot 86}{360} = 1{,}43\ \%$$

Lagerzinsen 17.100 · 1,43 = 244,53 EUR

Stellungnahme:
Zum Beispiel: Der durchschnittliche Lagerbestand der Konkurrenz ist niedriger als unser durchschnittlicher Lagerbestand. Daher ist bei uns mehr Kapital im Lager gebunden.
Die Umschlagshäufigkeit der Konkurrenz ist höher als unsere Umschlagshäufigkeit, daher besteht bei unserer Ware eine größere Gefahr der Wertminderung durch technischen Wandel oder Modeerscheinungen.
Die durchschnittliche Lagerdauer der Konkurrenz ist kürzer als unsere durchschnittliche Lagerdauer, daher entstehen uns höhere Kosten für die Lagerung.

2.2.2 Schülerabhängige Antwort
Zum Beispiel Einführung des Just-in-time-Prinzips zur Verringerung des Lagerbestands, Erhöhung des Jahresumsatzes zur Erhöhung der Umschlagshäufigkeit, Verringerung der Kosten beim Wareneinkauf durch Verhandlung von Rabatten mit dem Lieferanten
(Hinweis: Form der schriftlichen Benachrichtigung kann mitbewertet werden.)

Prüfungsaufgaben Sommer 2013 (Aufgabe 3)

1. Zum Beispiel

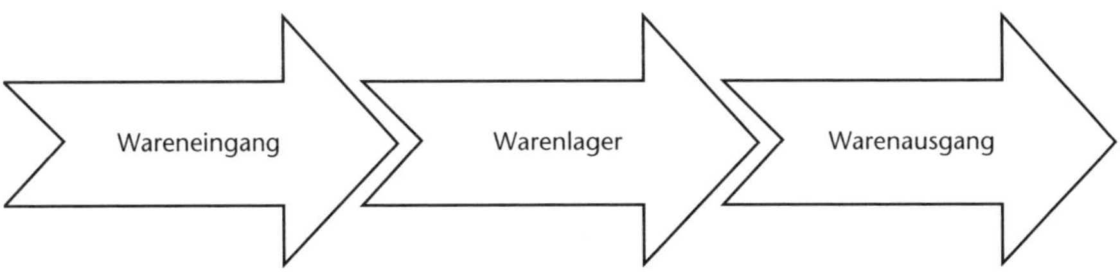

- Warenantransport
- Warenannahme
- Warenkontrolle
- Einlagerung

6. innerbetrieblicher Transport
7. Warenmanipulation
8. Warenauszeichnung
9. Kühlung
10. Lagerung/Umlagerung

1. Kommissionierung
2. Warenausgangskontrolle
3. Warenverpackung
4. Versandabwicklung
5. Transport/Auslieferung

2.1

Lagerarten	Vorteile	Nachteile
Eigenlager	eigenes Personal in eigener Verantwortung	Personal, Pflege
Fremdlager	Kostenersparnis bei niedriger Lagerauslastung	Kosten, Lieferbereitschaft
zentrales Lager	Zentral/Region	lange Anfahrtswege
dezentrales Lager	Kundennähe	Kleine Lagerflächen
Hochregallager	• Personaleinsparung • Flächeneinsparung	• hohe Kapitalbindung • Störanfälligkeit
Speziallager	• produktgerechte Einlagerung • Schutz vor Risiken, Verderb	• hohe Kosten • Personalschulungen • Pflege- und Kontrollaufwand

3. Argumente für eigenen Fuhrpark:

- Region/Umkreis 200 km
- feste Anlieferungszeiten
- Flexibilität, individuelle Voraussetzungen der Kunden
- Rücktransporte
- persönlicher Bezug/eigene Lkw-Fahrer/Rückmeldungen/Identität
- eigene Lkws als Werbeträger
- Möglichkeit, selbst Spediteur zu sein
- Hygienebedingungen selbst unter Kontrolle
- ...

4.

Bedeutung	Verbot	Warnung	Rettung	Gebot	Erklärung	Wo anbringen? Warum?
Farbe	Rot	Gelb	Grün	Blau		
				×	Kopfschutz benutzen	vor Stapellager, Gefahr von oben
				×	Tür stets schließen	Tiefkühlhaus, konstante Temperatur
individuelle Schülerlösung						
	×				Betreten der Fläche verboten	vor Lager/Gabelstaplerspur, für Unbefugte
	×				nichts abstellen oder lagern	vor Kommissionsware/ Warenausgang, hoher Umschlag
		×			Warnung vor Flurförderfahrzeugen	vor Regallager, Ecke Nähe Kundenfrequenz, unübersichtliche Stelle
		×			Warnung vor Kälte	Kühllager/Tiefkühllager, Gesundheitsvorsorge
individuelle Schülerlösung						
			×		Erste Hilfe	zentrale Stelle, für alle schnell zugänglich

5. Mögliche Appelle/Folie:

GESUNDHEIT GEHT VOR!	**UNFÄLLE VERMEIDEN!**
• Keine schweren Lasten selbst tragen! • Heb- und Transporthilfen betätigen! • Lager- und temperaturgerechte Kleidung tragen! • Mit Arbeitsmitteln sachgemäß umgehen! • Gefahrenzonen kennzeichnen! • Auf Treppen und Stufen achten! • Erste Hilfe leisten! • Unfallverhütungsvorschriften einhalten!!	
DENK DRAN!	**DENK DRAN!**

Prüfungsaufgaben Winter 2013/2014 (Aufgabe 3)

3.1 Kriterien sind z. B.
- bereits vorhandene bauliche Gegebenheiten
- Art, Gewicht, Volumen und Menge der Güter
- gewünschter Automatisierungs- und Mechanisierungsgrad
- Schnelligkeit des Lagerzugriffs
- Kostengesichtspunkte

3.2 Vorteile sind z. B.
- direkter Zugriff auf die einzelnen Artikel
- relativ gute Übersicht über die vorhandenen Lagergüter
- geringe Störanfälligkeit, da manuelle Bedienung
- geringe Investitionskosten
- einfache Anpassungsfähigkeit

Nachteile sind z. B.
- geringe Automatisierungsmöglichkeiten
- hoher Flächenbedarf
- bei manuellem Lagerzugriff hoher Personalbedarf

3.3 Festplatzsystem:
- Jedem Artikel wird ein eigener, fester Lagerplatz zugeordnet, der nur von diesem Artikel belegt werden kann.
- Bei der systematischen Lagerplatzzuordnung erhält jeder Lagerplatz eine bestimmte Lagernummer (Lageradresse). Alle Lageradressen sind in einem Lagerplan zusammengestellt. Dadurch wird sichergestellt, dass jeder Lagerplatz eindeutig bestimmbar ist.

Freiplatzsystem:
- Die Artikel werden dort eingelagert, wo gerade ein freier Lagerplatz vorhanden ist; sie haben keine festen Lagerplätze.
- Ein EDV-gestütztes Lagerverwaltungssystem weist dem gerade einzulagernden Artikel den nächsten gerade freien Lagerplatz zu.

Lagerplatzoptimierung:
- effektivere Ausnutzung der vorhandenen Lagerfläche
- schnelles Einlagern, Auffinden und Auslagern der Artikel
- Lagerplatz ist nicht nach der maximalen Artikelmenge auszulegen
- Sortiments- und Mengenänderungen sind problemlos möglich
- keine Leerplätze beim Wegfall von Artikeln

Störanfälligkeit:
- Beim Festplatzsystem kennen die Mitarbeiter die Einlagerungsplätze der einzelnen Artikel.
- Das Auffinden der Lagerplätze ist bei Ausfall der EDV nur schwer möglich, denn nur das Lagerverwaltungssystem kennt den jeweiligen Standort eines Artikels.
- Gefahr des völligen Stillstands bei Ausfall der EDV-Anlage

3.4.1 Jedes Lagersystem ist auf eine zuverlässige Identifikation der eingelagerten Waren angewiesen. Das Warenwirtschaftssystem eines Unternehmens verknüpft den Warenfluss mit dem Informationsfluss. Ziel ist es, die Warenbewegungen von der Bestellung über die Einlagerung und die Lagerbestandskontrolle bis hin zum Verkauf der Ware elektronisch zu erfassen; Identifikationsmöglichkeit einer Ware entlang des Supply-Chain-Prozesses. So können z. B. umschlagsstarke Artikel und umschlagsschwache Artikel schnell erkannt werden.

3.4.2 EAN-Barcode = „Europäische Artikelnummer"
Vom Hersteller wird ein maschinenlesbarer Strichcode an der Produktverpackung angebracht, der mithilfe von Scannern maschinell lesbar ist.

3.4.3 Beim Cross-Docking wird das Lager nicht als Warenlager, sondern lediglich als Warenumschlagsplatz verwendet. Die angelieferten Waren verschiedener Lieferanten werden so schnell wie möglich auf abgehende Lieferungen an verschiedene Kunden verteilt.
Typische Einlagerungs- und Kommissionierungsprozesse entfallen. Anstatt die Ware an einem Lagerort einzulagern, wird diese direkt an den Endempfänger weitergeleitet (Just-in-time-Belieferung). Vorteile: verkürzte Lagerdauer, erhöhte Umschlagshäufigkeit der Waren.

3.5 Sicherheitsbeauftragter: Betriebe mit mehr als 20 Beschäftigten müssen einen Sicherheitsbeauftragten benennen. Aufgaben: Unterstützung und Beratung der Geschäftsleitung bei den Maßnahmen zur Unfallverhütung.
Er soll die Beschäftigten auf Unfall- und Gesundheitsgefahren aufmerksam machen und sich davon überzeugen, ob die vorgeschriebenen Schutzeinrichtungen vorhanden sind und auch ordnungsgemäß benutzt werden können.

3.6 Träger der gesetzlichen Unfallversicherung.
Überwachung der Einhaltung der berufsgenossenschaftlichen Vorschriften und Regeln für Sicherheit und Gesundheit bei der Arbeit.

Anlage

BikeDepot XXL GmbH – Lange Str. 54 – 56 – 72764 Reutlingen

Zweirad Schöne e. K.
Friedrich Schöne
Industrieweg 64
72622 Nürtingen

Name:	Max Mustermann
Telefon:	07121 7722-01
Telefax:	07121 7722-08
E-Mail:	bikedepot-rt@web.de
Internet:	www.bikedepot-xxl.de
Bank:	Stadtbank Reutlingen
BLZ:	119 440 81
Konto:	67 324
Datum:	25.10.2013

Zahlungserinnerung RE 26079

Sehr geehrter Herr Schöne,

mit Sicherheit ist Ihnen entgangen, dass Sie unsere Rechnung mit der Nr. 26079 entsprechend den Zahlungsbedingungen noch nicht beglichen haben. Kein Problem: Überweisen Sie einfach den Rechnungsbetrag in Höhe von 10.805,20 EUR innerhalb der nächsten 14 Tage auf das oben angegebene Konto.

Für freuen uns weiterhin auf eine gute Zusammenarbeit.

Mit freundlichen Grüßen

M. Mustermann

i. A. Max Mustermann

Prüfungsaufgaben Sommer 2014 (Aufgabe 2, teilweise)

3. Kosten Fremdlagerung = Kosten Eigenlagerung

$$17{,}00\ \text{EUR} \cdot x\ \text{m}^2 = 5.600{,}00\ \text{EUR} + 4{,}50\ \text{EUR} \cdot x\ \text{m}^2$$
$$12{,}50\ \text{EUR} \cdot x\ \text{m}^2 = 5.600{,}00\ \text{EUR}$$
$$x\ \text{m}^2 = 448$$

Die Eigenlagerung ist kostengünstiger ab einer Lagerfläche von mehr als 448 m^2.

Prüfungsaufgaben Winter 2014/2015 (Aufgabe 2)

2.1 Lagerdatei für die Rosenbögen (siehe auch **Anlage**)
Einstandspreis: 80,50 EUR/ Stück

Datum	Zugänge	Abgänge	Bestand
01.01.2013			820
12.02.2013	540		1.360
03.03.2013		230	1.130
24.03.2013		180	950
10.04.2013	400	120	1.230
05.05.2013	850		2.080
01.06.2013		900	1.180
28.06.2013	450		1.180
10.08.2013		300	1.330
15.08.2013	350		1.680
10.10.2013	700		2.380
01.12.2013		80	2.300

- Unser Wert ist im **Vergleich** zum Verband sehr schlecht, da unser durchschnittlicher Lagerbestand während des Jahres nur 1,23-mal verkauft wird.
- Eine niedrige LUG führt zu einer hohen Lagerdauer, das hat hohe Lagerkosten zur Folge, eine lange Kapitalbindung und hohe Zinskosten.
- Erhöhung der LUG im Beschaffungsbereich (Kauf auf Abruf, Senkung der Bestellmengen und/oder des Sicherheitsbestandes, somit sinkende Melde- und Lagerbestände) und im Absatzbereich (Steigerung des Abverkaufs durch geeignete Maßnahmen)

2.2 Ergebnisprotokoll
Betriebsauslagerung **(Anlage 7 im Lehrbuch)**
Vorteile:
- zukunftsweisende Ausrichtung des Betriebs durch Neubau von Büro- und Lagerflächen auf großem Grundstück, die einen wirtschaftlichen Betrieb ermöglichen
- ideale Verkehrsanbindungen an Schiene und Straße
- geringe Grundstückskosten aufgrund der Verrechnung
- Hohe Gebäudeabschreibungen führen zu Steuerersparnissen.

Nachteile:
- hoher Finanzierungsbedarf durch Neubau
- Hohe Gebäudeabschreibungen müssen erwirtschaftet werden.
- Unternehmen muss auf Erfolgskurs bleiben.

Fremdlager **(Anlage 8 im Lehrbuch)**
Vorteile:
- schnelle Umsetzung möglich
- Outsourcing zahlreicher Aufgaben an den Lagerhalter kann Wirtschaftlichkeit erhöhen (Reduzierung der Fixkosten und des Lagerrisikos).
- kein Finanzierungsbedarf, weil Verzicht auf größere Investitionen
- flexibel gegenüber Umsatzrückgängen

Nachteile:
- teure Lösung bei hohen Lagerbeständen im Fremdlager
- Abhängigkeit vom Lagerhalter
- Verlust von Ansehen gegenüber Kunden
- längere Informationswege, keine auf zukünftige Umsatzsteigerungen ausgerichtete Lösung

2.3
- kein Transport fremder Güter
- Leerfahrten bei der Rückfahrt
- eigenes Transportrisiko
- hohe Fixkosten durch Personal und Fahrzeugabschreibungen

Anlage

Lagerkennzahl	Berechnung	Wert
durchschnittlicher Lagerbestand (Verwendung der Quartalsendbestände)	$\frac{820 + 950 + 1.630 + 1.680 + 2.300}{5}$	1.476
durchschnittlicher Lagerwert	1.476 · 80,50 EUR	118.818,00 EUR
Lagerumschlagsgeschwindigkeit (LUG)	$\frac{1.810}{1.476}$	1,23 p. a.
durchschnittliche Lagerdauer	$\frac{360}{1,23}$	292,68 Tage
Lagerzinsen (Marktzinssatz 8,5 %)	Lagerzinssatz 8,5 % · 292,68 : 360 = 6,91 % $\frac{118.818,00 \text{ EUR} \cdot 6,91\ \%}{100}$	8.210,32 EUR

Prüfungsaufgaben Sommer 2015 (Aufgabe 2)

2.1 Mögliche Schwachstellen:

- Zulieferer des Zulieferers und/oder Zulieferer liefert zu spät oder gar nicht (Unzuverlässigkeit). Dies führt unsererseits zu Lieferengpässen.
- Eigens verschuldeter Lieferantenverzug: Fehler in der Zeitplanung (optimaler Bestellzeitpunkt), Fehler in der Mengenplanung (optimale Bestellmenge), Lagerfläche wird nicht optimal ausgeschöpft, d. h., es liegen freie Flächen zur Lagerung vor.
- unangemessenes Bestellverfahren (Bestellrhythmusverfahren führt bei ungleichmäßigen Lagerbewegungen zu stark schwankenden Lagerbeständen.)
- Falschlieferung: Evtl. wurde die Ware falsch eingelagert und dann die falsche Ware entnommen. Oder bei stückweiser Kommissionierung wird die Ware dem falschen Auftrag zugeordnet.

Schülerabhängige Antwort.

2.2 Schülerabhängige Lösung, z. B.:

SCHWACHSTELLENANALYSE: LAGERHALTUNG

Lösungsvorschlag: Chaotische Lagerhaltung

Prinzip der Lagerordnung, bei dem den Lagergütern keine festen Lagerplätze zugeordnet sind, sondern beliebige, zum Zeitpunkt der Einlagerung freie Plätze (Ware kommt dorthin, wo was frei ist). Das IT-gestützte Lagerverwaltungssystem verwaltet dazu die Belegung der Lagerplätze.

Vorteile:	Nachteile:
– optimale Raumausnutzung (Fläche und Wege) – schnelle Einlagerung – Flexibilität bei neuem Sortiment steigt.	– kein schnelles Auffinden der Ware (Lagerorganisation muss bestens organisiert sein) – Abhängigkeit von der Technik, dem Computersystem

2.3.1 Quartalsendbestände:

Anfangsbestand: 66.669,90 EUR			
	Zugänge	Abgänge	Endbestand
1. Quartal	26.667,96 EUR	40.001,94 EUR	53.335,92 EUR
2. Quartal	21.213,97 EUR	52.438,92 EUR	22.110,97 EUR
3. Quartal	80.710,88 EUR	33.334,95 EUR	69.486,90 EUR
4. Quartal	13.899,98 EUR	46.668,93 EUR	36.717,95 EUR

durchschnittlicher Lagerbestand = (Jahresanfangsbestand + 4 Quartalsendbestände) : 5
(66.669,90 EUR + 181.651,74 EUR) : 5 = 248.321,64 EUR : 5
= 49.664,33 EUR

Wareneinsatz = Jahresanfangsbestand + Zugänge – Jahresendbestand
= 66.669,90 EUR + 142.492,79 EUR – 36.717,95 EUR = 172.444,74 EUR

2.3.2 Umschlagshäufigkeit = Wareneinsatz : durchschnittlicher Lagerbestand
= 172.444,74 EUR : 49.664,33 EUR
= 3,47; ca. 3,5-mal

durchschnittliche Lagerdauer = 360 : Umschlagshäufigkeit
= 360 : 3,5 = 102,9; ca. 103 Tage

Lagerzinsen = (durchschnittlicher Lagerbestand · Lagerzinssatz) : 100
= (49.664,33 EUR · 1,5) : 100
= 744,96 EUR

2.3.3

	Kennzahlen Vorjahr 2012	Kennzahlen Branchendurchschnitt im Geschäftsjahr 2013	Kennzahlen im Geschäftsjahr 2013
durchschnittlicher Lagerbestand	41.853,20 EUR	52.468,96 EUR	49.664,33 EUR
Wareneinsatz	107.678,83 EUR	269.345,12 EUR	172.444,74 EUR
Umschlagshäufigkeit	2,6-mal	fünfmal	3,5-mal
durchschnittliche Lagerdauer	138 Tage	72 Tage	103 Tage
Lagerzinsen	627,80 EUR (Zinssatz: 1,5 %)	787,03 EUR (Zinssatz: 1,5 %)	744,96 EUR

Interpretation der Ergebnisse

Vergleich mit dem Vorjahr 2013:

Der durchschnittliche Lagerbestand ist trotz der nicht voll ausgeschöpften Lagerkapazität gestiegen. Dies kann auf die erhöhte Nachfrage und damit auf höhere Mindestbestände zurückgeführt werden, was der erhöhte Wareneinsatz auch bestätigt. Aufgrund des höheren Wareneinsatzes hat sich auch die Umschlagshäufigkeit erhöht. Der Warenwert des durchschnittlichen Lagerbestandes wurde im Jahr 2014 3,5-mal umgesetzt. Folglich sind auch die durchschnittliche Lagerdauer und damit die Kapitalbindungsdauer um 35

Tage gesunken. Das Lagerrisiko wurde somit ein wenig reduziert. Die Lagerzinsen sind etwas höher als im Vorjahr, da sich der durchschnittliche Lagerbestand erhöht hat.

Schlussfolgerung: Im Vergleich zum Vorjahr ist die wirtschaftliche Lagerhaltung für die Warengruppe Slab Coffee Table insgesamt gestiegen, aber wohl nicht wie erwartet.

Vergleich mit dem Branchendurchschnitt im Geschäftsjahr 2014:

Im Vergleich zum Branchendurchschnitt schneidet unsere Lagerhaltung für die Warengruppe Slab Coffee Table schlechter ab. Die Konkurrenz hat – trotz eines ähnlichen durchschnittlichen Lagerbestands – im Durchschnitt einen höheren Wareneinsatz und damit eine höhere Umschlagshäufigkeit, d. h., dass die Ware im Jahr öfter umgesetzt und neu beschafft wird als bei uns. Dies hat auch eine niedrigere durchschnittliche Lagerdauer zur Folge als bei uns. Die Lagerzinsen sind im Branchendurchschnitt leicht höher, was aber aufgrund der höheren Umschlagshäufigkeit nicht von Nachteil ist.

Schlussfolgerung: Der Vergleich bestätigt, dass die Kunden mehr bei der Konkurrenz einkaufen. Wir müssen unsere Lieferbereitschaft zügig verbessern, um die Kunden wieder anzulocken und unser Image zu pflegen. Zudem führen ein höherer Wareneinsatz und eine höhere Umschlagshäufigkeit zu einer geringeren Kapitalbindung, da aufgrund der kürzeren Lagerdauer gebundenes Kapital schneller freigesetzt wird. Damit verbunden ist auch ein niedrigeres Lagerrisiko als bei uns.

5 Personalwirtschaft (= LF 4)

5.1 Aufgaben und Ziele

1. Personalbedarfsplanung, Personalbeschaffung, Personaleinsatz, Personalentwicklung (Personalförderung und -betreuung), Arbeitsbewertung und Entlohnung, Lohn- und Gehaltsabrechnungen, Führen von Personalakten ...

2. Vgl. Stofftelegramm.

3. Schlüsselqualifikationen:
   - fachliche Kompetenz
   - persönl. Kompetenz (Zuverlässigkeit, Sorgfalt, Kreativität ...)
   - soziale Kompetenz (Kooperations- und Teamfähigkeit, Toleranz ...)
   - innovative Kompetenz (Kreativität, lebenslanges Lernen ...)

4. • unternehmensextern (mittelbare oder unmittelbare Personalanwerbung)
   • unternehmensintern (innerbetriebliche Stellenausschreibungen)

5. • Bewerbungsschreiben + Lichtbild • Zeugnisse • Lebenslauf • evtl. Referenzen

6. Betriebsrat (Unterrichtung)

7. Vgl. Stofftelegramm.

8. • Personalakte führen • Datenschutz • Verwaltung der Personaldaten • Personalstatistik

9. • Fachkenntnisse • Arbeitsqualität • Fortbildungsbereitschaft • Teamfähigkeit
   • Arbeitseinsatz • Arbeitsquantität • Kreativität

5.2 Der Einzelarbeitsvertrag (Grundlagen)

1. HGB, BGB

2. Formvorschrift Arbeitsvertrag: Schriftform

3. Rechte: Vergütung, Urlaub, Zeugnis, Fürsorge ...

   Pflichten: Dienstleistung, Verschwiegenheit, Wettbewerbsverbot ...

4. Einfaches Zeugnis: beschreibt Art und Dauer der Beschäftigung

   Qualifiziertes Zeugnis: informiert zusätzlich über Führung und Leistung

5. a) **Gesetzliches Wettbewerbsverbot:**
   Ohne Genehmigung des Arbeitgebers darf der kaufmännische Angestellte
   - kein eigenes Handelsgewerbe betreiben,
   - keine Geschäfte in der Branche des Arbeitgebers tätigen.

   b) • Selbsteintrittsrecht bzw. Schadenersatz

   • fristlose Kündigung

6. a) **Vertragliches Wettbewerbsverbot:** Für den Angestellten gilt – falls vertraglich vereinbart – das Wettbewerbsverbot auch nach seinem Ausscheiden aus dem Unternehmen.

b) Voraussetzungen: Schriftform, Vereinbarung einer Karenzentschädigung bei Minderverdienst, keine wesentliche Berufserschwernis, Verbotsdauer maximal zwei Jahre

7. vier Wochen zum 15. oder zum Monatsende

8. **Vertragliche Kündigungsfrist:** Untergrenze vgl. 7.

   Kündigungsfrist des Arbeitnehmers darf nicht länger als die des Arbeitgebers sein.

9. Bei wichtigem Grund: Diebstahl, Beleidigung, Arbeitsverweigerung ...

10. a) Kündigungsfrist vier Wochen zum 15. oder zum Monatsende
    Letzter Kündigungstermin: 03.07. zum 31.07.

    b) Nein! Die Kündigung ist eine empfangsbedürftige Willenserklärung, d. h., sie muss dem Arbeitgeber am letztmöglichen Termin bereits zugegangen sein.

11. Vgl. Stofftelegramm.

12. Vorteile: vgl. Stofftelegramm

Nachteil für den Arbeitnehmer:	keine Weiterbeschäftigungsgarantie nach Fristablauf
Nachteil für den Arbeitgeber:	Fluktuationsproblem (qualifizierte Arbeitnehmer können problemlos nach Fristablauf „wechseln“)

5.3 Allgemeiner und besonderer Kündigungsschutz

1. Kündigungsschutzgesetz, Kündigungsfristengesetz

2. a) Allgemeiner Kündigungsschutz: Schutz vor sozial ungerechtfertigter Kündigung
   Kündigung in folgenden Fällen unwirksam:

   - Der Arbeitgeber liefert keinen Kündigungsgrund.
   - Die Kündigung ist betrieblich nicht notwendig.
   - Soziale Gesichtspunkte wurden bei der Auswahl nicht ausreichend berücksichtigt.

   b) Arbeitnehmer, die mindestens sechs Monate im gleichen Betrieb sind. Betrieb hat mehr als zehn Arbeitnehmer.

3. **Betriebsratsmitglieder und Jugendvertreter:** während Amtszeit und innerhalb eines Jahres danach nicht kündbar; Ausnahme: fristlose Kündigung bei wichtigem Grund

Werdende Mütter:	• während der Schwangerschaft bis vier Monate nach Entbindung • während des Erziehungsurlaubs bis drei Jahre nach der Geburt
Schwerbehinderte:	Hauptfürsorgestelle muss der Kündigung zustimmen.
Auszubildende:	nach der Probezeit unkündbar; Ausnahme: fristlose Kündigung bei wichtigem Grund
Langjährige Angestellte:	1/2/3/4/5/6/7 Monate zum Monatsende (ME), wenn mindestens 2/5/8/10/12/20 Beschäftigungsjahre

4. a) 4 Monate auf ME
   b) 2 Monate auf ME
   c) 5 Monate auf ME
   d) 4 Monate auf ME
   e) 7 Monate auf ME
   f) unkündbar (Ausnahme: fristlos/wichtiger Grund)
   g) Währ. Probezeit: fristlos/wichtiger Grund
   Nach Probezeit: unkündbar (Ausnahme: wichtiger Grund)

5. a) 5 Monate auf ME

   b) 4 Wochen zum 15. oder zum ME

6. Kündigungsfrist 4 Monate auf ME; Kündigung somit spätestens 30.05.

5.5 Exkurs: Arbeitsgerichtsbarkeit

1. Arbeitsgerichtsgesetz

2. a) Arbeitsgericht Stuttgart (Arbeitsstätte)

   b) Versuch einer gütlichen Einigung (ohne Streitverfahren)
   Zweck: Vermeidung eines kostenpflichtigen Gerichtsverfahrens

   c) Anwalt, Verbandsvertreter oder er selbst

   d) **Berufung beim Landesarbeitsgericht** einlegen
   Voraussetzungen:
   - Streitwert über ...
   - Prozessvertretung durch Anwalt oder Verbandsvertreter

   Revision beim Bundesarbeitsgericht einlegen, wenn mit Urteil des Landesarbeitsgerichts nicht einverstanden
   Voraussetzungen:
   - Urteil muss von grundsätzlicher Bedeutung sein oder von bisheriger Rechtsprechung abweichen.
   - Prozessvertretung durch Anwalt

3. vor allem für Streitigkeiten zwischen Arbeitgeber und Arbeitnehmer, Tarifvertragsparteien bzw. aus Betriebsverfassungs- und Mitbestimmungsgesetz; §§ 2, 2 a Arbeitsgerichtsgesetz

5.6 Die Einkommensteuer

1. a) Einkünfte aus Gewerbebetrieb
   b) Einkünfte aus nichtselbstständiger Arbeit
   c) Einkünfte aus Kapitalvermögen
   d) Einkünfte aus Vermietung und Verpachtung
   e) sonstige Einkünfte
   f) Einkünfte aus selbstständiger Arbeit
   g) Einkünfte aus Kapitalvermögen
   h) Einkünfte aus Kapitalvermögen

2. **Betriebseinnahmen:**
   - steuerlich evtl. berichtigte Erträge lt. GuV
   - erhöhen die Einkünfte (→ steuererhöhend)
   - Begriff bei den Gewinneinkunftsarten

   Betriebsausgaben:
   - steuerlich evtl. berichtigte Aufwendungen lt. GuV
   - verringern die Einkünfte (→ steuermindernd)
   - Begriff bei den Gewinneinkunftsarten

Werbungskosten:
- Begriff bei den Überschusseinkunftsarten
- verringern die jeweiligen Einkünfte (→ steuermindernd)

Sonderausgaben:
- vgl. Stofftelegramm
- vom Gesamtbetrag der Einkünfte abziehen (→ steuermindernd)

Außergewöhnliche Belastungen:
- Krankheitskosten, Beerdigungskosten, z. T. Kinderbetreuungskosten (zumutbare Belastung beachten!)
- vom Gesamtbetrag der Einkünfte abziehen (→ steuermindernd)

3.

Einkünfte aus Gewerbebetrieb	65.000,00 EUR
Einkünfte aus nichtselbstständiger Arbeit	25.500,00 EUR
Einkünfte aus Vermietung u. Verpachtung	4.000,00 EUR
Gesamtbetrag der Einkünfte	94.500,00 EUR
– Sonderausgaben	20.000,00 EUR
– außergewöhnliche Belastungen	600,00 EUR
Einkommen	73.900,00 EUR
– Freibeträge	9.000,00 EUR
zu versteuerndes Einkommen	64.900,00 EUR

4. Vgl. 3.

5. zu versteuerndes Einkommen

6. Freizone/Progressionszone/obere Proportionalzone

5.7 Die Lohn- und Gehaltsabrechnung und -buchung

1.	265 Forder. an Mitarbeiter	800,00 EUR	282 Kasse	800,00 EUR
2.a	264 SV-Vorauszahlung	1.701,40 EUR	280 Bank	1.701,40 EUR
b	63 Gehälter	4.289,00 EUR	280 Bank	1.466,85 EUR
			483 Vbl. geg. FA	1.074,15 EUR
			264 SV-Vorauszahlung	870,00 EUR
			486 Vbl. a. v. S.	78,00 EUR
			265 Ford. an Mitarbeiter	800,00 EUR
c	640 AGA SV	831,40 EUR	264 SV-Vorauszahlung	831,40 EUR
d	483 Vbl. geg. FA	1.074,15 EUR	280 Bank	1.152,15 EUR
	486 Vbl. aus v. S.	78,00 EUR		
3.a	264 SV-Vorauszahlung	1.564,90 EUR	280 Bank	1.564,90 EUR
b	Bruttogehalt			3.900,00 EUR
	+ vermögenswirksame Leistung des Arbeitgebers			39,00 EUR
	= steuer- und sozialversicherungspflichtiges Gehalt			3.939,00 EUR
	– Lohn- und Kirchensteuer, Solidaritätszuschlag			800,00 EUR
	– Beiträge zu Sozialversicherung: Renten-, Kranken-, Arbeitslosen-, Pflegeversicherung			790,00 EUR
	– vermögenswirksames Sparen (Sparrate)			78,00 EUR
	– Vorschussverrechnung			500,00 EUR
	= Nettogehalt (Auszahlung)			1.771,00 EUR
c	63 Gehälter	3.939,00 EUR	280 Bank	1.771,00 EUR
			483 Vbl. geg. FA	800,00 EUR
			264 SV-Vorauszahlung	790,00 EUR
			486 Vbl. aus v. S.	78,00 EUR
			265 Ford. an Mitarbeiter	500,00 EUR
d	640 AGA SV	764,90 EUR	264 SV-Vorauszahlung	764,90 EUR
e	483 Vbl. geg. FA	800,00 EUR	280 Bank	878,00 EUR
	486 Vbl. aus v.S.	78,00 EUR		
4.	620 Löhne	86.340,00 EUR	483 So. Vbl. geg. FA	13.250,00 EUR
			264 SV-Vorauszahlung	14.720,00 EUR
			486 Vbl. aus vL	1.404,00 EUR
			265 Ford. an Mitarbeiter	2.000,00 EUR
			571 Zinserträge	780,00 EUR
			280 Bank	54.186,00 EUR
	640 AG-Anteil SV	13.942,94 EUR	264 SV-Vorauszahlung	13.942,94 EUR

5. Vgl. Stofftelegramm.

6. • Lohn- und Kirchensteuern, Solidaritätszuschlag: Finanzamt
   • Sozialversicherungsbeiträge: Krankenkassen
   • Vermögenswirksames Sparen: Bausparkassen

7. Einkünfte aus nichtselbstständiger Arbeit

8. Die Lohnsteuer belastet den Unternehmer erfolgsmäßig nicht. Im Rahmen der Lohn- bzw. Gehaltsabrechnung wird sie dem Arbeitnehmer abgezogen und ans Finanzamt abgeführt.

9. Beitragssätze: vgl. Stofftelegramme Wirtschafts- und Sozialkunde (Kapitel 3)

10.

a) Bruttogehalt	4.000,00 EUR
+ vermögenswirksame Leistung des Arbeitgebers	19,50 EUR
= steuer- und sozialversicherungspflichtiges Gehalt	4.019,50 EUR
– Lohn- und Kirchensteuer, Solidaritätszuschlag	600,00 EUR
– Beiträge zur Sozialversicherung	800,00 EUR
– vermögenswirksames Sparen (Sparrate)	78,00 EUR
– Vorschussverrechnung	500,00 EUR
= Nettogehalt (Auszahlung)	2.041,50 EUR
b) 4.019,50 + 764,00 (Arbeitgeberanteil zur SV) =	4.783,50 EUR

5.9 Prüfungsaufgaben

Prüfungsaufgaben Sommer 2012 (Aufgabe 2, teilweise)

3.

Grundgehalt:	2.312,00 EUR	
+ Zuschläge:	–	
+ Sonderzahlungen	–	
+ Zuschuss AG für vL	–	
= sozialversicherungspfl. Brutto	2.312,00 EUR	
– Freibetrag lt. Lohnsteuerkarte	–	
= steuerpflichtiges Brutto	2.312,00 EUR	
– Lohnsteuer		299,75 EUR
– Solidaritätszuschlag		16,49 EUR
– Kirchensteuer (8 %)		23,98 EUR
– Summe Steuerabzüge	340,22 EUR	
– Krankenversicherung (8,2 %)		189,58 EUR
– Pflegeversicherung (1,225 %)		28,32 EUR
– Rentenversicherung (9,95 %)		230,04 EUR
– Arbeitslosenversicherung (1,5 %)		34,68 EUR
– Summe Sozialversicherungsbeiträge	482,62 EUR	
= Nettogehalt	1.489,16 EUR	
– vermögenswirks. Leistungen	–	
– sonstige Einbehaltungen	–	
= Auszahlungsbetrag	1.489,16 EUR	

Prüfungsaufgaben Sommer 2015 (Aufgabe 1)

1.1.1

	AN-Anteil in %	AN-Anteil in EUR
steuer- und sozialversicherungspflichtiges Bruttogehalt		4.328,00
– LSt. (III)		526,16
– SolZ (2 Kinder)	5,5 %	11,56
– KiSt. (2 Kinder)	8 %	17,58
Summe steuerrechtliche Abzüge in EUR		555,30
– Krankenversicherung (KV)	8,2 % BMG	332,10
– Pflegeversicherung (PV)	1,025 % BMG	41,51
– Arbeitslosenversicherung (AV)	1,5 %	64,92
– Rentenversicherung (RV)	9,45 %	409,00
Summe sozialversicherungsrechtliche Abzüge AN in EUR		847,53
Nettogehalt/Überweisungsbetrag		2.925,17

1.1.2

630	Gehälter	4.328,00	an	280 Bank	2.925,17
				483 FB-Verb.	555,30
				484 SV-Verb.	847,53

1.1.3 Summe sozialversicherungsrechtliche Abzüge AG:

KV 7,3 % BMG	=	295,65
PV 1,025 % BMG	=	41,51
AV 1,5 %	=	64,92
RV 9,45 %	=	409,00
Summe	=	811,08

1.2.1 Für Herrn Herbst gilt außerhalb der Probezeit die gesetzliche Kündigungsfrist. Er kann also zum 15. eines Monats oder zum Monatsende mit einer Frist von vier Wochen kündigen. Da es sich bei einer Kündigung um eine empfangsbedürftige Willenserklärung handelt, ist nicht der Zeitpunkt der Erstellung, sondern der Tag des Zugangs entscheidend, hier also der 04.05.2015. Um die Frist von 28 Tagen zu wahren, kann Herr Herbst also frühestens zum 15.06.2015 sein Arbeitsverhältnis beenden.

1.2.2 Würde sich Herr Herbst noch in der Probezeit befinden, betrüge die Kündigungsfrist zwei Wochen ab Zugang der Kündigung, also ab dem 04.05.2015. Herr Herbst könnte sein Arbeitsverhältnis also dann zum 18.05.2015 beenden.

6 Marketing (= LF 5)

6.1 Marketing – Marktorientierung – Marketingziele – Marktforschung – Marktkennzahlen – Marktsegmentierung

1. a) **Marktorientierung:**
   - konsequente Ausrichtung (Orientierung) am Markt
   - Kunden- und/oder Konkurrenzorientierung

   b) **Globalisierung:**
   - Internationalisierung des Wettbewerbs
   - Angebot und Nachfrage auf internationalen Märkten

   c) **Absatzmarketing:**
   - Steuerung des Betriebes vom Markt her
   - alle Maßnahmen, die ein Unternehmen treffen muss, um sich einen Markt zu schaffen, zu erhalten und zu erweitern

   d) **Marktforschung:** Systematische Markterkundung mit wissenschaftlichen Methoden; Klärung der Fragen: Was, wie viel, an wen, wann, wo, bei welcher Konkurrenz kann verkauft werden? Wie verhält sich der Käufer bei Preis- bzw. Qualitätsänderungen?

   e) **Marktanalyse:** einmalige, tiefgreifende Marktforschung

   f) **Marktbeobachtung:** fortlaufende Marktforschung

   g) **Marktprognose:** Marktvoraussage

   h) **Sekundärforschung:** Marktforschung durch Auswertung bereits vorhandenen Materials

   i) **Primärforschung:** direkte Forschung am Markt (Beobachtung, Befragung, Experiment)

   j) **Teilmasse:** repräsentativer Teil einer Gesamtmasse

   k) **Gesamtmasse:** sämtliche infrage kommenden Personenkreise

   l) **Zufallsauswahl:** rein zufällige Personenauswahl

   m) **Quotenverfahren:** Die zu befragende Teilmasse wird so ausgewählt, dass ihre Zusammensetzung der Gesamtmasse entspricht.

2. Betriebsinterne Daten: Buchhaltungszahlen, Kundendatei ...
   Betriebsexterne Daten: Statistisches Jahrbuch, Brancheninformationen ...

3. a) $$\text{Marktanteil} = \frac{\text{Absatzvolumen} \cdot 100}{\text{Marktvolumen}} = \frac{5 \cdot 100}{25}$$

   Marktanteil = 20 %

   $$\text{Marktsättigung} = \frac{\text{Marktvolumen} \cdot 100}{\text{Marktpotenzial}} = \frac{25 \cdot 100}{50}$$

   Marktsättigung = 50 % = viel Luft nach oben = Expansion

   b) **Maßnahmen:**
   - Werbung verstärken = Tag der offenen Tür, Teilnahme an regionalen Festen – Vereine anschreiben; Aktionen bei und mit Getränkemärkten und Gastwirtschaften
   - Produktdifferenzierung (Biermischgetränke, Bier aus biologischem Anbau)
   - Produktvariation (unterschiedliche Flaschengrößen z. B. 0,5 l und 0,33 l)

   c) $\text{Marktsättigung} = \frac{25 \cdot 100}{28} = 92{,}6\ \%$ = Expansion ist problematisch, da der Markt schon fast gesättigt ist. Es sollte versucht werden, den eigenen Marktanteil zu behalten bzw. evtl. leicht auszubauen.

6.3 Absatzpolitische Instrumente

1. Produktinnovation (Produktdifferenzierung, Produktdiversifikation) – Produktvariation – Produkteliminierung

2. a) **Breites Prod.programm:** Herstellung vieler artverwandter Produkte
   Tiefes Prod.programm: Produktionsprogramm mit relativ vielen Produktionsstufen
   b) **Produktvariation:** Verbesserung = Variation bereits existierender Produkte
   c) **Produktdiversifikation:** Aufnahme völlig neuer Produkte (Kombination v. Prod.feldern)
   d) **Produktdifferenzierung:** Typenerweiterung
   e) **Produktinnovation:** Entwicklung und Einführung völlig neuer Produkte
   f) **Produktelimination:** Herausnahme von Produkten aus dem Produktionsprogramm = Bereinigung des Produktionsprogramms
   g) **Lebenszyklus:** vgl. Stofftelegramm

3. **Vorteile der Produktdiversifikation:** Risikominderung, Umsatzsteigerung, Nutzung des Firmenimages und vorhandenen technischen Know-hows, gleichmäßigere Beschäftigung bei Saisonbetrieben, günstigerer Einkauf bei gleichen Grundstoffen ...

4. a) **Marktsegmentierung:** Marktaufteilung in Teilmärkte nach best. Gesichtspunkten
   b) **Kernsortiment:** Hauptbestandteil des Sortiments
   c) **Randsortiment:** Ergänzung des Kernsortiments

5. Kosten, Nachfrage, Konkurrenz

6. a) **Preisdifferenzierung:** Das gleiche Produkt wird zu unterschiedl. Preisen angeboten.
   b) Vgl. Stofftelegramm.

7. Absatzwege, Absatzmittler

8. a) **Direkter Absatz:** Direktverkauf an Verbraucher
   b) Vgl. Stofftelegramm.

9./10. Vgl. Stofftelegramm.

11. **Abschlussprovision:** Provision für den Abschluss von Kaufverträgen
    Delkredereprovision: Provision für die Übernahme der Haftung für den Zahlungseingang
    Inkassoprovision: Provision für den Geldeinzug

12. a) **Ausgleichsanspruch:** Recht auf angemessenen finanziellen Ausgleich nach Beendigung des Vertragsverhältnisses, falls der Unternehmer weiterhin von den vermittelten Kunden profitiert; maximal eine Jahresprovision.
    b) Der Unternehmer macht auch nach Beendigung des Vertragsverhältnisses mit den vom Handelsvertreter geworbenen Kunden Geschäfte, sodass Ausgleichszahlung korrekt ist.

13. Der Handelsvertreter haftet für den Geldeingang und wird daher nur Abschlüsse mit „sicheren" Kunden tätigen.

14. Es darf sich nicht um Konkurrenzartikel handeln, sondern nur um Komplementärartikel (sich ergänzende Artikel).

15. Vgl. Stofftelegramm.

16. a) Kosten R: 40.000 + 2 % von 2 Mio. = 80.000,00 EUR am günstigsten
Kosten H: 6 % von 2 Mio. = 120.000,00 EUR
Kosten K: 16.000 + 5 % von 2 Mio. = 116.000,00 EUR

b) Kosten Reis. = Kosten H.
40.000 + 0,02 x = 0,06 x
x = 1,00 Mio. EUR

c) Kosten Reis. = Kosten K.
40.000 + 0,02 x = 16.000 + 0,05 x
x = 800.000,00 EUR

d) Kosten H. = Kosten K.
0,06 x = 16.000 + 0,05 x x = 1,6 Mio. EUR

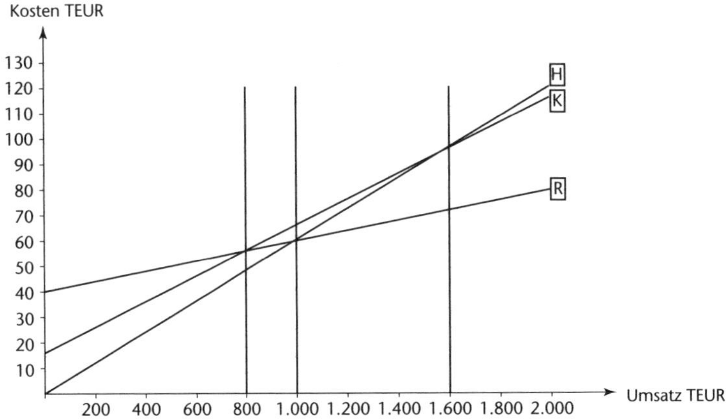

17. Werbung, Verkaufsförderung (Salespromotion), Public Relations

18.–22. Vgl. Stofftelegramm.

23. **Werbung:** wendet sich direkt an Verbraucher (Kunden) und will ihn an das Produkt heranführen.

Verkaufsförderung: wendet sich eher an den Handel und will den Verkaufsvorgang verbessern durch z. B. Verkäuferschulung, Händlerberatung, Bereitstellung von Display-Material ...

Public Relations (PR): Maßnahmen zur Förderung des Rufs der Unternehmung; wenden sich an die Öffentlichkeit (Öffentlichkeitsarbeit).

24./25. Vgl. Stofftelegramm.

26. Begriffe der Werbeerfolgskontrolle:
Ökonomischer Werbeerfolg: Gegenüberstellung v. Werbeaufwand u. Werbeerfolg
Außerökonomischer Werbeerfolg: messbar durch Erinnerungsverfahren oder Wiedererkennungsverfahren

27. a), b) Notw. Mindestzahl neuer Bestellungen: 100.000 : 80 = 1.250 Stück = „Gewinnschwelle“. An zusätzlichen Bestellungen gingen ein: 2.000 Stück → Aktion war erfolgreich.

6.4 Prüfungsaufgaben

Prüfungsaufgaben Winter 2012/2013 (Aufgabe 3)

3.1

Preis in EUR	Absatz alte Bundesländer für 2 Jahre in Stück	Absatz neue Bundesländer für 2 Jahre in Stück	Gesamtabsatz für 2 Jahre in Stück	Umsatz für 2 Jahre in EUR	Warenaufwand für 2 Jahre in EUR	Kosten Alleinvertretungsrechte in EUR	Gewinn für 2 Jahre in EUR
50,00	132.000	23.000	155.000	7.750.000,00	7.748.450,00	2.000.000,00	–1.998.450,00
55,00	124.000	21.000	145.000	7.975.000,00	7.248.550,00	2.000.000,00	–1.273.550,00
60,00	116.000	19.000	135.000	8.100.000,00	6.748.650,00	2.000.000,00	–648.650,00
65,00	108.000	17.000	125.000	8.125.000,00	6.248.750,00	2.000.000,00	–123.750,00
70,00	100.000	15.000	115.000	8.050.000,00	5.748.850,00	2.000.000,00	301.150,00
75,00	92.000	13.000	105.000	7.875.000,00	5.248.950,00	2.000.000,00	626.050,00
80,00	84.000	11.000	95.000	7.600.000,00	4.749.050,00	2.000.000,00	850.950,00
85,00	76.000	9.000	85.000	7.225.000,00	4.249.150,00	2.000.000,00	975.850,00
90,00	68.000	7.000	75.000	6.750.000,00	3.749.250,00	2.000.000,00	1.000.750,00
95,00	60.000	5.000	65.000	6.175.000,00	3.249.350,00	2.000.000,00	925.650,00
100,00	52.000	3.000	55.000	5.500.000,00	2.749.450,00	2.000.000,00	750.550,00
110,00	44.000	1.000	45.000	4.950.000,00	2.249.550,00	2.000.000,00	700.450,00

Vorschlag:
Bei einem Preis von 90,00 EUR wird der höchste Gewinn realisiert.
Somit kann die Skimmingstrategie (relativ hoher Preis bei Markteinführung) angewendet werden.
Es handelt sich hier im Vergleich zu den anderen Waren des Sortiments aus Anlage 8 um einen relativ hohen Preis. Gerechtfertigt wird dies durch das besondere Design und die Produkteigenschaften wie Smartphone-Kompatibilität.
Die Nachfrage auf dem Markt für dieses hochwertige Produkt ist mit 75.000 ausreichend hoch.
Diese Preisstrategie soll angewendet werden, um die hohen Kosten für die Alleinvertretungsrechte schnell zu amortisieren, da das Alleinvertretungsrecht nach zwei Jahren ausläuft.

3.2 Schülerabhängige Antwort, z. B.

Sehr geehrte Kunden,

mit dieser E-Mail wollen wir Sie mit einer Neuheit unseres Sortiments vertraut machen: die neuen Jogging-Schuhe „TrueSportsDesign“. Diese Schuhe stammen von einem bislang nur in Szenekreisen bekannten Hersteller namens „TrueSports“.
Der Schuh „TrueSportsDesign“ hat ein edles Design. Sein Innenschuh sorgt für eine optimale Passform. Das Besondere der Schuhe liegt aber in der Kompatibilität mit einem Smartphone, sodass über Sensoren der Kalorienverbrauch und die Geschwindigkeit gemessen werden können. Sie können diese Schuhe bei uns zu einem Preis von 89,99 EUR beziehen.
Wir gehen davon aus, dass diese Schuhe aufgrund ihres Designs und ihrer Besonderheit schon bald reißenden Absatz finden werden. Sichern Sie sich daher noch heute ein Kontingent bei uns!

Mit freundlichen Grüßen

3.3 Schülerabhängige Antwort, z. B.

- Räumliche Preisdifferenzierung: die Jogging-Schuhe in den neuen Bundesländern billiger anbieten
  Grund: Die Abnehmer in den neuen Bundesländern sind weniger bereit, einen so hohen Einführungspreis zu zahlen.

- Personelle Preisdifferenzierung: unterschiedliche Rabatte für Sportvereine und Einzelhändler; Grund: Kundenbindung der Sportvereine

3.4 Schülerabhängige Antwort, z. B.

Produktpolitik/ Sortimentspolitik:	neue Produkte schneller ins Sortiment aufnehmen
Preispolitik:	höhere Rabatte für Sportvereine
Kommunikationspolitik:	Ansprechpartner in Sportvereinen auf Schulungen einladen, in denen die neuen Produkte vorgestellt werden
Distributionspolitik:	eine Onlineplattform schaffen, auf der einzelne Mitglieder der Sportvereine Bestellungen abgeben können

Prüfungsaufgaben Winter 2014/2015 (Aufgabe 3)

3.1

Marketinginstrumente	Umsetzung
Sortimentspolitik	Sortimentserweiterung
	Handelsmarke
Preispolitik	Preisdifferenzierung (Einzelhandel, Onlinehandel, mengenabhängig)
	Kundengruppen
Distributionspolitik	indirekter Absatz über Einzelhandel
	direkter Absatz über E-Commerce
Kommunikationspolitik	Hausmesse
	Plakate, Flyer
	Schulungen Einzelhändler
	Produktvorführungen

Zielgruppe
Mögliche Kriterien:

- sportliche Personen 50+, aufgrund folgender Kriterien
- Alter → demografischer Wandel, immer mehr Senioren
- einkommensstarke Zielgruppe
- Freizeitverhalten
- Gesundheitsbewusstsein
- Alternative zum Auto im Stadtverkehr
- Region Oberschwaben → viele Berge und Täler

3.2 Portfolio-Analyse

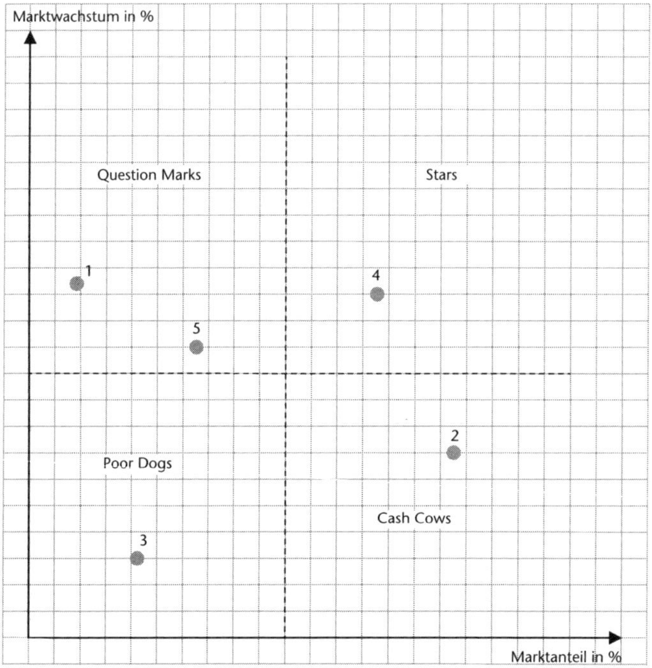

Hinweis: Begriffe der Portfolio-Analyse sind nicht vorausgesetzt, Bedeutung kann auch anhand des Produktlebenszyklus erklärt werden.

- Unternehmen hat einen Poor Dog, zwei Question Marks, einen Star und eine Cash Cow.
- Ein Star ist zu wenig.
- Bei den beiden Question Marks ist die Entwicklung unklar, vor allem das Mountainbike befindet sich an der Grenze zum Poor Dog und kann schnell abrutschen.

Schülerabhängige Antwort, z. B.

- Kickboard sollte aus dem Sortiment genommen werden, da niedriger Marktanteil und niedriges Marktwachstum.
- E-Cityspeed sollte weiter gefördert werden, da es sich in der Wachstumsphase befindet und sich durchaus zu einem neuen Star entwickeln könnte → Promotion.
- Das Mountainbike „Beginners" sollte, falls es noch weiter Richtung Poor Dogs abrutscht, aus dem Sortiment genommen werden.
- Das Pedelec Electric Cycle 1.0 sollte auf jeden Fall im Sortiment bleiben, es ist momentan der einzige Star. Es ist jedoch zu erwarten, dass es über kurz oder lang zur Cash Cow wird, sobald das neue Modell ins Sortiment aufgenommen wird.
- Das Allround-Citybike sollte auf jeden Fall im Sortiment bleiben, da hierfür keine Kosten für Werbung mehr notwendig sind, aufgrund des hohen Marktanteils jedoch noch gute Gewinne abgeschöpft werden können.

3.3 Das Randsortiment ist von Bedeutung.

- Kundenorientierung
- Kundenbindung
- Umsatzsteigerung

Prüfungsaufgaben Sommer 2015 (Aufgabe 3)

3.1.1 Marktanteil 2014 = 400.000,00 EUR · 100 : 3.800.000,00 EUR = 10,53 %
Marktsättigung 2014 = 3.800.000,00 EUR · 100 : 4.000.000,00 EUR = 95,00 %

Der Marktanteil hat sich im Laufe der letzten drei Jahre nicht gravierend verändert, obwohl der Umsatz der Natural GmbH von 2012 bis 2013 stark gestiegen ist. Der Umsatzrückgang im letzten Jahr ist kaum spürbar. Der Markt ist inzwischen fast gesättigt, darum ist die Erhöhung des eigenen Marktanteils nicht mehr so einfach.

Die Konkurrenz muss vom Markt gedrängt werden.

3.1.2

Horizontal	**Vertikal**	**Lateral**
Neuer Artikel steht mit bisherigem Sortiment in Zusammenhang; gleiche Produktionsstufe.	Neuer Artikel steht mit bisherigem Sortiment in Zusammenhang; vor- oder nachgelagerte Produktionsstufe.	Neuer Artikel steht mit bisherigem Sortiment in keinerlei Zusammenhang.
Bsp.: vegane Lebensmittel	Bsp.: Beteiligung an Lebensmittelproduzenten	Bsp.: Kleidung, Möbel

3.1.3.1 Mengenmäßige Preisdifferenzierung → Bei Abnahme von 10 Verpackungseinheiten pro Artikel gibt es einen Rabatt von 5 %; ab 20 Verpackungseinheiten 7 % Rabatt usw. (Staffelung) oder ab Gesamtumsatz von x EUR bekommt ein Kunde eine Gutschrift.

Personelle Preisdifferenzierung → Bestimmte Supermarktketten bekommen auf verschiedene Produkte Rabatt oder Gastronomiebetriebe bekommen auf bestimmte Kaffeesorten Rabatt, um den Umsatz anzukurbeln.

Andere Antworten möglich, z. B. zeitliche Preisdifferenzierung, räumliche Preisdifferenzierung.

3.1.3.2 Alle Angaben in EUR:

Einstandspreis		**14,76**		100 %
+ Handlungskosten	30 %	4,43		30 %
= Selbstkostenpreis		19,19	100 %	130 %
+ Gewinnzuschlag	20 %	3,84	20 %	
= Barverkaufspreis		23,03	120 %	97 %
+ Kundenskonto	1,5 %	0,36		1,5 %
+ Vertreterprovision	1,5 %	0,36		1,5 %
= Zielverkaufspreis		23,75	95 %	100 %
+ Kundenrabatt	5 %	1,25	5 %	
= Nettoverkaufspreis		25,00	100 %	

langfristige Preisuntergrenze = Selbstkosten = 19,19 EUR

3.1.4.1 Werbeplan für das Bio-Müsli „Orange Dream"

Inhalt	Umsetzung für die Natural GmbH
Werbeinhalt	Bio-Müsli
Werbeziel	Bekanntheitsgrad steigern und Umsatz erhöhen
Werbebotschaft	gesunder Start in den Tag schmeckt lecker gesundheitsfördernd Trend zu Bio-Produkten natürlich, zertifiziert
Zielgruppe	Reformhaus Drogeriemärkte Supermärkte
Werbemittel	Informationsflyer Preislisten Mailing Proben Vorführung
Werbeträger	Fachzeitschriften Flyer E-Mail, Internet, Post
Streuzeit	Winter/Frühjahr

Weitere Inhalte möglich (je nach Lehrbuch unterschiedlich).

3.1.4.2 Werbeerfolgskontrolle anhand folgender Formel:

Werbeerfolg = Gewinnzuwachs · 100 : Werbekostenzuwachs

Das Ergebnis sollte über 100 % liegen, dann war die Werbung erfolgreich.

Schwierigkeiten:

- Jede Werbemaßnahme wird durch andere Marketinginstrumente begleitet.
- Gesamtwirtschaftliche Faktoren wie Kaufkraftveränderungen, verändertes Konkurrenz- und Kundenverhalten etc. überlagern und beeinflussen den Werbeerfolg.

Prüfungsaufgaben Winter 2015/2016 (Aufgabe 3)

3.1

Creme	Phase des Produktlebenszyklus	Maßnahme	Beschreibung und Begründung
Handcreme	Wachstumsphase	Produktdifferenzierung	weitere Handcremes unterschiedlicher Duftrichtungen, Größen etc. anbieten, um den Markt auszuschöpfen
Tagescreme	Reife- und Sättigungsphase	Produktvariation	Creme sollte verändert/ modernisiert werden, z. B. neue Verpackung. Creme aus dem Programm nehmen und nur noch die neue Variante anbieten. Damit wird das Produkt in der Reife-/ Sättigungsphase gehalten.
Nachtpflege-creme	Rückgangsphase	Produkteliminierung	Produkt wird aus dem Sortiment genommen oder evtl. durch ein anderes/neueres Produkt ersetzt (Repositionierung), da es sich bei so stark sinkenden Umsatzzahlen nicht mehr rentiert, d. h. keine Gewinne mehr erwirtschaftet werden.
Augencreme	Einführungsphase	keine Maßnahme empfohlen	Abwarten, wie sich das Produkt weiter entwickelt, da sich das Produkt erstmal auf dem Markt etablieren muss.

3.2 Direktmarketing: Alle Maßnahmen, die sich direkt in Einzelansprache an die Zielperson wenden. Die Beautix GmbH könnte sich z. B. in einem Werbebrief oder einer Werbemail an bisher bestehende oder neue Kunden wenden.

Sponsoring: Förderung von Institutionen oder Aktionen, um positive Wirkung in der Öffentlichkeit zu erzielen, z. B. Sportsponsoring: Die Beautix GmbH könnte die städtische Fußballmannschaft finanziell fördern und im Gegenzug das Logo des Unternehmens auf das Trikot abdrucken.

Empfehlung (schülerabhängige Lösung): Die Beautix GmbH sollte lieber das Direktmarketing vorziehen, da sie bestehende und neue Kunden so gezielt ansprechen kann. Beim Sponsoring wird eher die Bekanntheit des Unternehmens in der Öffentlichkeit allgemein gefördert. Außerdem hat regionales Sponsoring nur eine geringe Reichweite und überregionales Sponsoring ist sehr teuer, während neue Kunden durch Direktmarketing relativ kostengünstig auch überregional angesprochen werden können.

3.3.1 Es handelt sich hier um Sekundärforschung, da der Kollege nur bereits vorhandenes Datenmaterial gesichtet und ausgewertet hat. Allerdings sind die Daten oft nicht aktuell und behandeln häufig nicht genau die Fragestellung, um die es im Unternehmen geht.

Gründe:
- günstiger
- schneller
- weniger kompliziert und weniger aufwendig

3.3.2 Die Verbreiterung des Sortiments meint die Produktdiversifikation, also die Aufnahme einer völlig neuen Produktlinie/Warengruppe.
Schülerabhängige Lösung: Beispielsweise könnte die Beautix GmbH eine Warengruppe mit unterschiedlichen Haarpflegeprodukten oder eine neue Produktlinie mit Lippenstiften aufnehmen. Allerdings ist die Aufnahme eines oder mehrerer völlig neuer Produkte auch mit mehr Risiko und mehr Aufwand behaftet. Dafür kann eine Diversifikation für die Erschließung neuer Märkte sorgen und bei guter Entwicklung kann die neue Warengruppe als weiteres Standbein dienen und zur Risikominimierung beitragen.

3.4 Schülerabhängige Antwort:

Preisgestaltung Körperpflegecremes

- Unsere Körperpflegecremes sollten eher hochpreisig verkauft werden:
  1,50 EUR–2,50 EUR je 100 ml
- Gründe:
  - Konkurrenz im Niedrigpreissektor ist deutlich höher.
  - Fast die Hälfte der Kunden wünscht sich qualitativ hochwertige Cremes und ist auch bereit, dafür mehr Geld auszugeben.
- sachliche Preisdifferenzierung durch Ausrichtung auf spezielle Bedürfnisse möglich, z. B. höherer Preis für hochwertige Creme für sehr sensible Haut oder speziell für reife Haut
- mengenmäßige Preisdifferenzierung durch unterschiedliche Packungsgrößen möglich

3.5.1 Handlungsreisender ist Angestellter im Unternehmen und wirtschaftet im Namen und auf Rechnung des Unternehmens; Handelsvertreter ist selbstständiger Gewerbetreibender und schließt die Geschäfte in fremdem Namen und auf fremde Rechnung ab.

3.5.2 42.000,00 EUR + 0,02 x = 0,08 x
x = 700.000,00 EUR

Der Handlungsreisende sollte nur bei einem erwarteten Jahresumsatz von mehr als 700.000,00 EUR gewählt werden; der Handelsvertreter ist bei einem niedrigeren Umsatz günstiger.

7 Finanzwirtschaft (= LF 6)

7.1 Investition und Finanzierung

1. Finanzierung = Mittelherkunft: sichtbar auf der Passivseite der Bilanz (Eigen-, Fremdkap.)
   Investition = Mittelverwendung: Umwandlung des Geldkapitals in Produktionsgüter
   → sichtbar auf der Aktivseite der Bilanz

2. Vgl. Stofftelegramm.

7.4 Innenfinanzierung

7.4.1 Offene Selbstfinanzierung

1. a) offene Selbstfinanzierung = Nichtausschüttung von Gewinnen
   b) Eigenkapital
   c) Vgl. Stofftelegramm.

2. KG: Gutschrift nicht ausgeschütteter Gewinne der Komplementäre auf Kapitalkonten GmbH: Einstellung nicht ausgeschütteter Gewinne in Rücklagen (Erhöhung Eigenkapital)

3. a) Geschäftsführer: Interesse an hoher Rücklagenbildung (geringer Ausschüttung), um der GmbH möglichst wenig liquide Mittel zu entziehen
   Gesellschafter: Interesse an hoher Ausschüttung (geringer Rücklagenbildung), da zumeist „Geldbedarf"
   Weiteres vgl. Stofftelegramm.
   b) Vgl. Stofftelegramm.

4. Gewinnverteilung: 420.000,00 EUR

	Komplementär Bruckmüller	Komplementär Neuer	Kommanditist Mager
Anfangskapital	600.000,00 EUR	600.000,00 EUR	250.000,00 EUR
Verzinsung 6 %	36.000,00 EUR	36.000,00 EUR	15.000,00 EUR
Restgewinn	133.200,00 EUR	133.200,00 EUR	66.600,00 EUR
gesamter Gewinnanteil	2	2	1
Privatentnahmen	169.200,00 EUR	169.200,00 EUR	81.600,00 EUR
im Unternehmen verbleibender Gewinn	34.000,00 EUR	28.000,00 EUR	0,00 EUR
	135.200,00 EUR	141.200,00 EUR	

Selbstfinanzierung → 135.200,00 + 141.200,00 = 276.400,00 EUR. Die 81.600,00 EUR des Kommanditisten stellen eine Verbindlichkeit der KG gegenüber dem Kommanditisten dar. Es wäre eine Fremdfinanzierung.

7.4.2 Umfinanzierung

Vgl. Stofftelegramm.

7.4.3 Finanzierung aus Abschreibungen

1.–4. Vgl. Stofftelegramm.

5. Vorteile:
   - Kapital steht zinsfrei zur Verfügung.
   - keine Mitspracherechte von Kapitalgebern

   Probleme:
   - unsichere zukünftige Absatzlage → kalkulatorische Abschreibungen evtl. nicht in Preise kalkulierbar
   - Investitionen auf Basis der Abschreibungsrückflüsse bedeuten Unstetigkeit im betrieblichen Wachstum. Bei plötzlichem Investitionsbedarf ist diese Finanzierungsart untauglich.

7.5 Fremdfinanzierung

1. Vgl. Stofftelegramm.

2. a) Vgl. Stofftelegramm.

   b) Tilgung des Gesamtbetrages auf einmal

   c) nicht kündbar durch den Kreditgeber vor Vertragsablauf

   d) Vorteile:
   - nur laufende Zinsbelastung (keine laufende Tilgung)
   - während der Laufzeit ist Gesamtbetrag verfügbar

   Nachteile:
   - hohe Liquiditätsbelastung bei Gesamttilgung
   - höhere Zinsbelastung insgesamt

3.

Alternative 1: Fälligkeitsdarlehen (Zahlen in EUR)					
Jahr	Anfangsschuld	Zinsen	Tilgung	Zins + Tilgung	Restschuld
01	120.000,00	12.000,00	---	12.000,00	120.000,00
02	120.000,00	12.000,00	---	12.000,00	120.000,00
03	120.000,00	12.000,00	---	12.000,00	120.000,00
...					
10	120.000,00	12.000,00	120.000,00	132.000,00	---
Summe	---	120.000,00	120.000,00	240.000,00	---

Alternative 2: (Kündigungsdarlehen) Unterschiede zu Alt. 1: Laufzeit unbestimmt; andere Summen

Alternative 3: Abzahlungsdarlehen (Ratendarlehen), Zahlen in EUR					
Jahr	Anfangsschuld	Zinsen	Tilgung	Zins + Tilgung	Restschuld
01	120.000,00	12.000,00	12.000,00	24.000,00	108.000,00
02	108.000,00	10.800,00	12.000,00	22.800,00	96.000,00
03	96.000,00	9.600,00	12.000,00	21.600,00	84.000,00
04	84.000,00	8.400,00	12.000,00	20.400,00	72.000,00
05	72.000,00	7.200,00	12.000,00	19.200,00	60.000,00
06	60.000,00	6.000,00	12.000,00	18.000,00	48.000,00
07	48.000,00	4.800,00	12.000,00	16.800,00	36.000,00
08	36.000,00	3.600,00	12.000,00	15.600,00	24.000,00
09	24.000,00	2.400,00	12.000,00	14.400,00	12.000,00
10	12.000,00	1.200,00	12.000,00	13.200,00	---
Summen	---	66.000,00	120.000,00	186.000,00	---

Alternative 4: Annuitätendarlehen (Zahlen in EUR)					
Jahr	Anfangsschuld	Zinsen	Tilgung	Zins + Tilgung	Restschuld
01	120.000,00	12.000,00	8.000,00	20.000,00	112.000,00
02	112.000,00	11.200,00	8.800,00	20.000,00	103.200,00
03	103.200,00	10.320,00	9.680,00	20.000,00	93.520,00
04	93.520,00	9.350,00	10.650,00	20.000,00	82.870,00
05	82.870,00	8.290,00	11.710,00	20.000,00	71.160,00
06	71.160,00	7.120,00	12.880,00	20.000,00	58.280,00
07	58.280,00	5.830,00	14.170,00	20.000,00	44.110,00
08	44.110,00	4.410,00	15.590,00	20.000,00	28.520,00
09	28.520,00	2.850,00	17.150,00	20.000,00	11.370,00
10	11.370,00	1.140,00	11.370,00	12.510,00	---
Summen	---	72.510,00	120.000,00	192.510,00	---

Kostenvergleich: Summe der Zinsen insgesamt beim

- Fälligkeitsdarlehen (Alt. 1): 120.000,00 EUR
- Kündigungsdarlehen (Unterstellung: Kündigung nach 10 Jahren): 120.000,00 EUR
- Abzahlungsdarlehen: 66.000,00 EUR
- Annuitätendarlehen: 72.510,00 EUR

7.6 Kreditsicherungsmöglichkeiten

1. a)

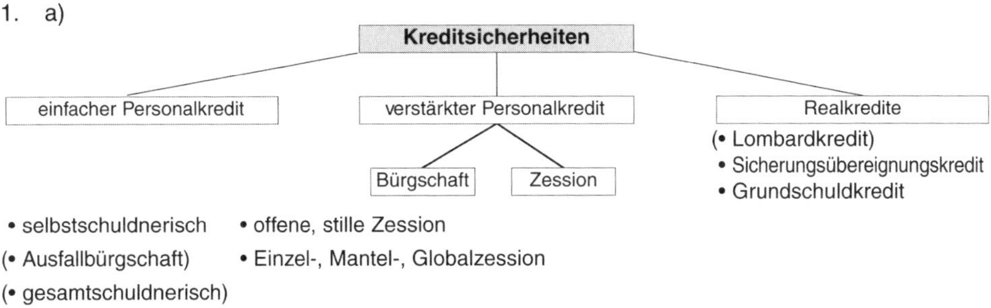

b) Personalkredite: Kreditsicherung durch eine (mehrere) Person(en)
Realkredite: Kreditsicherung durch eine Sache

2. **Kreditvertrag** zwischen Schuldner und Gläubiger (formfrei, i. d. R. schriftlich)

   Bürgschaftsvertrag zwischen Bürge und Gläubiger (Schriftform; formfrei, wenn HGB-Kaufmann die Bürgschaft im Rahmen seines Handelsgeschäftes abgibt)

3. Bank kann sich bei Fälligkeit sofort an den Bürgen wenden (Bürge verzichtet auf die Einrede der Vorausklage).

4. 1. Bürgschaft kann auch mündlich abgeschlossen werden.
   2. stets selbstschuldnerische Bürgschaften

5. a) Zession = Forderungsabtretung; Zessionar = Gläubiger; Zedent = Schuldner

   b), c), d) Vgl. Stofftelegramm.

6. Gläubiger wird Eigentümer (bedingtes Eigent.), Schuldner bleibt Besitzer (Besitzkonstitut).

7.–9. Vgl. Stofftelegramm.

10. • Rangsicherung

    • schnelle Kreditaufnahme möglich (kein Zeitverlust durch Eintragung)

11./12. Vgl. Stofftelegramm.

13. Bei einer Zwangsversteigerung des Grundstückes werden die Forderungen in der Reihenfolge 1., 2., 3., ... Rang befriedigt. Je höher der Rang, umso größer also die Sicherheit.

14. Sparkasse Goggelshausen: volle Befriedigung in Höhe von 200.000,00 EUR

    Voba Hasenbüttel: Erstattung von 130.000,00 EUR (Defizit: 20.000,00 EUR)

    Firma Teufel & Co.: geht leer aus

15. • Grundstücke, Gebäude: Grundschuld
    • Maschinen, Betriebs- und Geschäftsausstattung, Fuhrpark: Sicherungsübereignung
    • Forderungen: Zession

7.7 Leasing

1.–4. Vgl. Stofftelegramm.

5. a) Financial Leasing

b)

Ende des Jahres	Kreditkauf			Leasing	Differenz Kredit-Leasing
	Tilgung	Zinsen von der Restschuld	Summe		
1	60.000,00	20.000,00	60.000,00	50.000,00	10.000,00
2	40.000,00	16.000,00	56.000,00	50.000	6.000,00
3	40.000,00	12.000,00	52.000,00	50.000	2.000,00
insgesamt	120.000,00	48.000,00	168.000,00	150.000,00	+18.000,00
Liquiditätsvorteil bei Leasing in den ersten drei Jahren: 18.000,00 EUR → Entscheidung: Leasing					

c)

Ende des Jahres	Aufwand Kreditkauf			Aufwand Leasing	50 % Steuerminderung	
	Abschreib.	Zinsen	Summe	Leasingrate	Kreditkauf	Leasing
1	60.000,00	20.000,00	80.000,00	50.000,00	40.000,00	25.000,00
2	42.000,00	16.000,00	58.000,00	50.000,00	29.000,00	25.000,00
3	29.400,00	12.000,00	41.000,00	50.000,00	20.700,00	25.000,00
					89.700,00	75.000,00
→ Steuerminderungsvorteil bei Kreditkauf in den ersten drei Jahren: 14.700,00 EUR						

6.1 Vorteile Darlehen:
- Problematik einer unkündbaren Grundmietzeit entfällt
- freie Verfügbarkeit der finanzierten Anlagen

6.2 Vgl. Stofftelegramm.

6.3.1

	Kreditfinanzierung					Mietfinanzierung	
Jahr	Zins	Tilgung	Geldabfluss	Abschreibungen	Aufwand	%-Satz	Mietzahlung
1	13.000,00	40.000,00	53.000,00	25.000,00	38.000,00	46	92.000,00
2	10.400,00	40.000,00	50.400,00	25.000,00	35.400,00	36	72.000,00
3	7.800,00	40.000,00	47.800,00	25.000,00	32.800,00	36	72.000,00
4	5.200,00	40.000,00	45.200,00	25.000,00	30.200,00	4	8.000,00
5	2.600,00	40.000,00	42.600,00	25.000,00	27.600,00	4	8.000,00
6	---	---	---	25.000,00	25.000,00	4	8.000,00
7	---	---	---	25.000,00	25.000,00	4	8.000,00
8	---	---	---	25.000,00	25.000,00	4	8.000,00
	39.000,00	200.000,00	239.000,00	200.000,00	239.000,00		276.000,00

6.3.2 Aufwandsverteilung: bei Kredit gleichmäßiger, was steuerlich evtl. vorteilhaft ist

Gesamtbelastung: bei Kredit geringer

Investitionsrisiko: bei Leasing nach drei Jahren gering, davor hoch

7.8 Factoring

1. a) Ankauf von Forderungen durch ein Finanzierungsinstitut („Factor")

   b) Warenlieferung auf Ziel (Entstehung einer Forderung)

   → Factoring-Vertrag zwischen Factor und Lieferant: Ankauf der Forderung durch Factor

   → Factor zahlt Forderungsbetrag (abzüglich Provision und Zinsen) an den Lieferanten.

   → Factor zieht Forderung vom Schuldner ein.

   c) Vgl. Stofftelegramm.

2. Bilanzielle Konsequenzen:
   - Forderungsbestand sinkt
   - liquide Mittel steigen

   Kostenrechnerische Konsequenzen:
   - kalkulatorische Wagnisse sinken
     = Verbesserung des Betriebsergebnisses
   - höhere Kosten (Factorkosten): negativer Einfluss auf das Betriebsergebnis
   - eingesparte Verwaltungskosten sowie entfallende Kosten durch Zahlungszielüberschreitungen: positiver Einfluss auf das Betriebsergebnis

7.10 Sicherung des Zahlungs- und Kreditverkehrs im Außenhandel

7.10.1 Dokumenteninkasso (Dokumente gegen Kasse)

1. Vgl. Stofftelegramm.
2. Risiko für **Exporteur:** Importeur verweigert die Zahlung, folglich Rücktransport der Ware oder Verkauf im Ausland notwendig.
   Risiko für **Importeur:** Probleme bei mangelhafter Lieferung, weil die Ware bereits vor Inaugenscheinnahme bezahlt ist.

7.10.2 Dokumentenakkreditiv (Dokumente gegen Akkreditiv)

1. Vgl. Stofftelegramm.
2. <u>Vorteile des Dokumentenakkreditivs im Vergleich zum Dokumenteninkasso:</u>
   - Exporteur erhält Rechnungsbetrag früher.
   - Verringerung des Zahlungsrisikos, weil Zahlung sicher eingeht.
     Begründung: Das Akkreditiv wird bereits vor der Verladung der Ware eröffnet. Hierdurch wird dem Exporteur frühzeitig die Sorge abgenommen, der Käufer könne zahlungsunfähig oder -unwillig werden, denn die Akkreditivbank (Bank des Importeurs) steht hierfür ein. Sie tritt durch die Eröffnung des Akkreditivs mit ihrem Namen und ihrer Bonität an die Stelle des Importeurs.
   - Bank des Exporteurs sorgt dafür, dass nur gezahlt wird, wenn der Exporteur alle im Akkreditiv genannten Bedingungen erfüllt hat (Erhöhung der Sicherheit für Importeur).
3. L/C = Letter of Credit

4. Hohe Absicherung für den Exporteur (Absicherung der Zahlung, da Eigentumsübertragung erst nach Zahlung erfolgt). Außerdem erhält der Exporteur die Zahlung relativ früh. Die Akkreditivbank (Bank des Importeurs) und ggf. (beim bestätigten Akkreditiv) auch die Bank des Exporteurs verpflichten sich zur Zahlung.

   Außerdem hohe Absicherung für den Importeur, der evtl. hohe Anforderungen an die Qualität der Dokumente stellt – die Lieferung wird sicherer, weil die Bank die Dokumente prüfen muss, bevor die Zahlung erfolgt.

5. a) Bank des I = Akkreditivbank b) Bank des E = Avisbank

6. Avis = Mitteilung Bank an Exporteur, dass zu seinen Gunsten ein Akkreditiv eröffnet wurde.

7. Dokumentenkreislauf: Frachtführer – Exporteur – Bank des Exporteurs – Bank des Importeurs – Importeur – Frachtführer

8. Er muss zahlen, bevor er die Ware geprüft hat. Problematisch, wenn Ware nicht seinen Vorstellungen entspricht.

9. Vgl. Stofftelegramm.

10. bestätigtes Akkreditiv (stets unwiderruflich und befristet)

11. a) bestätigtes Akkreditiv b) unbestätigtes Akkreditiv

12. Beim unbestätigten Akkreditiv teilt die Bank dem Exporteur die Eröffnung des Akkreditivs mit. Sie zahlt den Betrag nach Prüfung der Dokumente evtl. aus, da sie weiß, dass die Bank des Importeurs letztlich zur Zahlung verpflichtet ist.
    Beim bestätigten Akkreditiv verpflichtet sich die Bank, in gleicher Weise zur Zahlung wie die Akkreditivbank.

13. widerrufliches, unbestätigtes Akkreditiv

14. a) Das Konto des Importeurs muss ein Guthaben aufweisen oder ihm wird ein Kredit gewährt.
    b) Der Exporteur hat die Sicherheit, den Rechnungsbetrag nach Vorlage ordnungsgemäßer Dokumente unverzüglich zu erhalten.
    c) Der Importeur kann sicher sein, dass die Ware vertragsgemäß und fristgerecht versandt wurde.

15.

	Dokumenteninkasso	Dokumentenakkreditiv
a) Zahlungsverpflichtung	keine Zahlungspflicht	Zahl.pflicht der Akkreditivbank bei Vorliegen korrekter Dokumente. Beim bestätigten Akkred. Zahl.pflicht auch der Bank des Exporteurs.
b) Dokumentenprüfungspflicht	keine Prüfungspflicht	Dokumente müssen sorgfältig geprüft werden.
c) Lieferungsabsicherung	Importeur weiß nicht, ob Ware auftragsgemäß geliefert.	Importeur kann hohe Anforderungen an die Qualität der Dokumente stellen, kann also ordnungsgemäße Lieferung erwarten.

16. a)

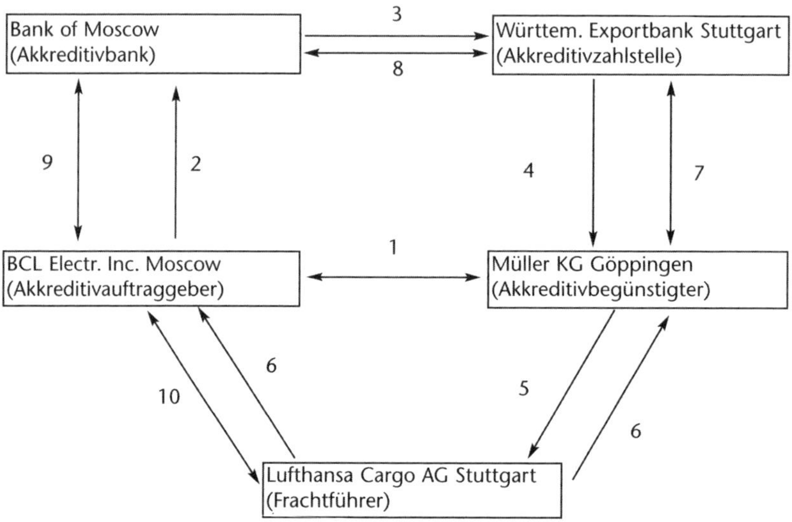

(1) Kaufvertrag
(2) Akkreditiveröffnungsauftrag
(3) Akkreditiveröffnung
(4) Avisierung Akkreditiv
(5) Versand der Ware
(6) Dokumente (Luftfrachtbrief)
(7) Dokumente gegen Gutschrift
(8) Dokumente gegen Gutschrift
(9) Dokumente gegen Belastung
(10) Dokumentenvorlage + Auslieferung der Ware

b) Vorliegendes Akkreditiv ist unbestätigt, d. h., die Exportbank gibt kein Zahlungsversprechen ab. Beim bestätigten Akkreditiv gibt die Exportbank zusätzlich ein abstraktes Schuldversprechen ab, wenn die Dokumente termingerecht und ordnungsgemäß eingereicht werden.

c) Beim Letter of Credit (L/C) übernimmt die Importbank ein Schuldversprechen und damit ist der Zahlungseingang für den Exporteur sehr sicher.

Bei Documents against Payment (Dokumenteninkasso D/P) bekommt der Importeur zwar nur die Dokumente bei Bezahlung ausgehändigt, aber es besteht das Risiko, dass die Dokumente nicht eingelöst werden.

7.11 Prüfungsaufgaben

Prüfungsaufgaben Sommer 2012 (Aufgabe 1, teilweise)

4.

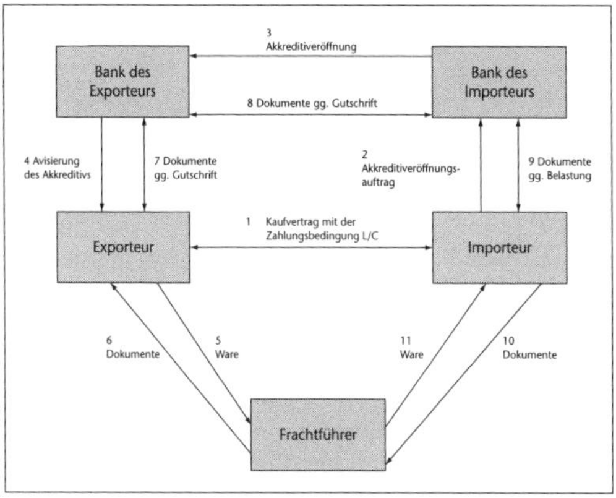

Dokumentenakkreditiv

Vorteile für den Importeur:

- Akkreditivbank löst die Dokumente nur nach entsprechender Prüfung ein
- Reduzierung des Lieferrisikos

Vorteile für den Exporteur:

- Verringerung des Zahlungsrisikos
- Exporteur erhält Rechnungsbetrag früher als beim Dokumenteninkasso

Prüfungsaufgaben Sommer 2013 (Aufgabe 1)

1./2.

Kapitalbedarf für das Anlagevermögen	
Grundstücke und Gebäude	2.000.000,00 EUR
Nebenkosten	120.000,00 EUR
Lagereinrichtung	200.000,00 EUR
Transportmittel	60.000,00 EUR
Summe Kapitalbedarf für das Anlagevermögen	2.380.000,00 EUR
Kapitalbedarf für den laufenden Geschäftsbetrieb:	
Wareneinsatz (30.000,00 EUR · 30 Tage)	900.000,00 EUR
Gemeinkosten (10.000,00 EUR · 50 Tage)	500.000,00 EUR
Personalkosten (2.000,00 EUR · 50 Tage)	100.000,00 EUR
Summe des Kapitals für den laufenden Geschäftsbetrieb	1.500.000,00 EUR
Gesamtkapitalbedarf	3.880.000,00 EUR

3. Zum Beispiel statische Betrachtung, keine Berücksichtigung zukünftiger Preisänderungen etc.

4. Fremdfinanzierung: Das eingebrachte Kapital gehört nicht den Eigentümern, z. B. Kreditfinanzierung.
   Beteiligungsfinanzierung: Das Kapital kommt von außen, Gesellschafterproblematik.

5.1 Fälligkeitsdarlehen:

Jahr	Darlehen Jahresanfang (EUR)	Darlehen Jahresende (EUR)	Tilgung (EUR)	Zinsen (EUR)	Mittelabfluss (EUR)
1	60.000,00	60.000,00	0,00	4.800,00	4.800,00
2	60.000,00	60.000,00	0,00	4.800,00	4.800,00
3	60.000,00	60.000,00	0,00	4.800,00	4.800,00
4	60.000,00	60.000,00	0,00	4.800,00	4.800,00
5	60.000,00	60.000,00	0,00	4.800,00	4.800,00
6	60.000,00	0,00	60.000,00	4.800,00	64.800,00
Summe	–	–	60.000,00	28.800,00	88.800,00

Abzahlungsdarlehen (Ratendarlehen):

Jahr	Darlehen Jahresanfang (EUR)	Darlehen Jahresende (EUR)	Tilgung (EUR)	Zinsen (EUR)	Mittelabfluss (EUR)
1	60.000,00	50.000,00	10.000,00	4.800,00	14.800,00
2	50.000,00	40.000,00	10.000,00	4.000,00	14.000,00
3	40.000,00	30.000,00	10.000,00	3.200,00	13.200,00
4	30.000,00	20.000,00	10.000,00	2.400,00	12.400,00
5	20.000,00	10.000,00	10.000,00	1.600,00	11.600,00
6	10.000,00	0,00	10.000,00	800,00	10.800,00
Summe	–	–	60.000,00	16.800,00	76.800,00

Annuitätendarlehen:

Jahr	Darlehen Jahresanfang (EUR)	Darlehen Jahresende (EUR)	Tilgung (EUR)	Zinsen (EUR)	Mittelabfluss (EUR) (Annuität)
1	60.000,00	51.821,10	8.178,90	4.800,00	12.978,90
2	51.821,10	42.987,89	8.833,21	4.145,69	12.978,90
3	42.987,89	33.448,02	9.539,87	3.439,03	12.978,90
4	33.448,02	23.144,96	10.303,06	2.675,84	12.978,90
5	23.144,96	12.017,06	11.127,90	1.851,60	12.978,90
6	12.017,06	0,00	12.017,42	961,36	12.978,90
Summe	–	–	60.000,00	17.873,40	77.873,40

5.2

2800	Bank	60.000,00 EUR	an	4200	Vbl. geg. Kreditinst.	60.000,00 EUR
7510	Zinsaufwend.	4.800,00 EUR	an	2800	Bank	14.800,00 EUR
4200	Vbl. geg. Kred.	10.000,00 EUR				

Prüfungsaufgaben Winter 2015/2016 (Aufgabe 2)

2.1 Annuität (Werte in EUR)

Jahr	Darlehen am Jahresanfang	Zinsen	Tilgung	Mittelabfluss
1	60.000,00	2.100,00	11.188,88	13.288,88
2	48.811,12	1.708,39	11.580,49	13.288,88
3	37.230,63	1.303,07	11.985,81	13.288,88
		5.111,46	34.755,18	39.866,64

Fälligkeit (Werte in EUR)

Jahr	Darlehen am Jahresanfang	Zinsen	Tilgung	Mittelabfluss
1	60.000,00	2.100,00		2.100,00
2	60.000,00	2.100,00		2.100,00
3	60.000,00	2.100,00		2.100,00
		6.300,00	0,00	6.300,00

Ihre Empfehlung:
Beurteilung unter Liquiditätsgesichtspunkten:
→ Das Festdarlehen hat die niedrigere Liquiditätsbelastung und ist für uns am besten geeignet: angespannte Liquiditätslage in den ersten drei Jahren.

2.2 $$p_{eff} = \frac{p_{nom} + \frac{\text{Disagio}}{\text{LZ}}}{\text{Auszahlungskurs}} \cdot 100 = \frac{3 + \frac{4}{6}}{96} \cdot 100 = 3{,}82\ \%$$

Alternative Lösungswege sind möglich.

Der Effektivzinssatz der Südbank ist mit 3,82 % teurer als bei der Sparbank mit 3,5 %, aber die Liquiditätsbelastung ist niedriger.

2.3 Finance -Leasing

Merkmale:
- unkündbare Grundmietzeit
- Grundmietzeit i. d. R. kürzer als betriebsgewöhnliche Nutzungsdauer
- in der Regel Restwertvertrag, d. h. Rückgabe oder Kauf (zum Restbuchwert) nach Ablauf der Grundmietzeit

Vorteile Leasing gegenüber Kreditfinanzierung:
- bei kurzfristigen Verträgen schnelle Anpassung an den neuesten technischen Stand
- in der Regel weniger Gewinnsteuer durch höheren Aufwand
- keine Entsorgung durch Leasingnehmer notwendig
- Verschuldungsgrad steigt nicht, beleihbares Vermögen wird nicht beansprucht

2.4

(Werte in EUR)	Kapital am Jahresanfang	Tätigkeitsvergütung	Verzinsung (4 %)	Verteilung des Restgewinns (3 : 1 : 1)	Summe Gewinn	Kapital am Jahresende	Beitrag zur offenen Selbstfinanzierung
Manfred Drache	150.000,00	48.000,00	6.000,00	18.456,00	72.456,00	174.456,00	24.456,00
Robert Flügel	71.000,00	0,00	2.840,00	6.152,00	8.992,00	71.000,00	0,00
Dr. Andreas Stott	60.000,00	0,00	2.400,00	6.152,00	8.552,00	60.000,00	0,00
	Σ	48.000,00	11.240,00	30.760,00	90.000,00		24.456,00

2.5	671	Leasing	1.500,00	an	280	Bank	1.785,00
	260	VSt.					

1 Geschäftsprozesse erfassen, dokumentieren und auswerten (= LF 7)

1.1 Bedeutung und Notwendigkeit des Rechnungswesens

1. Information: Unternehmer benötigt Infos für seine Planungen (Gewinne, Preise ...).

   Dokumentation: Durch fortlaufende, lückenlose Aufzeichnung aller Geschäftsfälle wird die auch vom Gesetzgeber geforderte Beweissicherungsaufgabe erfüllt.

   Planung: vorliegende, aufbereitete Zahlen (Statistiken, Bilanzen ...) = Unterlagen für Planungen

   Kontrolle: Überwachung der Betriebsabläufe aufgrund vorliegender Zahlen des ReWe

2. • Dokumentation: s. o.
   • Gewinnermittlung
   • Grundlage für Steuerermittlung
   • Überblick über Vermögen, Schulden und Erfolgslage (Gewinn oder Verlust)
   • Information des Unternehmers und sonstiger Bilanzadressaten

1.2 Inventur – Inventar – Bilanz

1. a) • Feststellung der Bestände am Bilanzstichtag
      • Soll-Ist-Bestandsvergleiche

   b) **Inventur:** Aufnahme und Bewertung der Bestände

      Inventar: Bestandsverzeichnis, das alle Vermögensteile und Schulden am Bilanzstichtag enthält (= Ergebnis der Inventur)

   c) Vermögen – Schulden = Reinvermögen (Eigenkapital)

   d) **Stichtagsinventur:** zeitnahe körperliche Bestandsaufnahme (10 Tage vor oder nach dem Bilanzstichtag)

      Permanente Inventur: laufende Inventur mittels Lagerkartei; mindestens einmal jährlich körperliche Bestandsaufnahme dennoch notwendig (beliebiger Zeitpunkt)

   e) **Körperliche Inventur:** mengenmäßige Aufnahme aller körperlichen Vermögensgegenstände durch Zählen, Messen, Wiegen

      Buchinventur: Aufnahme der nichtkörperlichen Gegenstände (Forderungen, Bankguthaben, Schulden) aufgrund buchhalterischer Aufzeichnungen und Belege

2. a) **Inventar:** ausführliche Aufstellung der Vermögensteile und Schulden in Staffelform

      Bilanz: kurzgefasste Gegenüberstellung von Vermögen (Aktiva) und Kapital (Passiva) in Kontenform

   b) Gliederungsgesichtspunkte:

      • Vermögen → Flüssigkeit (Liquidität; Dauer der Kapitalbindung → erst Anlage-, dann Umlaufvermögen)

      • Kapital → Fälligkeit (erst langfristiges, dann kurzfristiges Kapital)

3. a) Gliederung des Vermögens nach Flüssigkeit; Forderungen werden durch baldigen Zahlungseingang schneller „flüssig“ (zu Geld) als Waren, die erst noch verkauft werden müssen.

   b) Grundstücke – Lagereinrichtung – Fuhrpark – Waren – Forderungen – Bank

4. **Anlagevermögen:** dient längerfristig der Unternehmung

   Umlaufvermögen: verbleibt nur kurzfristig im Unternehmen; wird ständig umgesetzt; verändert sich ständig

1.3 Wertänderungen in der Bilanz

1. a) Einkauf von Waren auf Ziel
   b) Darlehensrückzahlung durch Banküberweisung
   c) Einzahlung Kasse bei der Bank
   d) Umwandlung Verbindl. in Darlehen

2. a) Aktivtausch
   b) Aktiv – Passivminderung
   c) Aktiv – Passivmehrung
   d) Passivtausch

1.5 Ergebniskonten mit Abschluss

1. Bestandskonten: Aktiv- und Passivkonten – Erfolgskonten: Aufwands- und Ertragskonten

2. Erfolge wirken sich auf den Gewinn bzw. Verlust des Unternehmens aus. Aufwendungen verringern, Erträge erhöhen den Gewinn.

3. Aufwendungen verringern das Eigenkapital. Das Eigenkapitalkonto ist ein Passivkonto, Minderungen sind somit im Soll zu buchen. Aufwandskonten = Unterkonten des EK-Kontos; Erträge analog.

4. Aufwendungen dürfen nicht mit Erträgen verrechnet werden; z. B.: 20.000,00 EUR Zinsaufwendungen dürfen nicht mit 25.000,00 EUR Zinserträgen zu 5.000,00 EUR Zinserträgen saldiert und ausgewiesen werden.

5. • Eigenkapital-Schlussbestand – Eigenkapital-Anfangsbestand = Gewinn bzw. Verlust.

   • Erträge – Aufwendungen = Gewinn bzw. Verlust.

1.6 Die Umsatzsteuer

1.	Maschinen	80.000,00 EUR	an	Verbindl. a. LL.	95.200,00 EUR
	Vorsteuer	15.200,00 EUR			
2.	Forderungen	71.400,00 EUR	an	Umsatzerlöse	60.000,00 EUR
			an	Umsatzsteuer	11.400,00 EUR
3.	a) Umsatzsteuer		an	Vorsteuer	14.000,00 EUR
	Umsatzsteuer		an	Bank	7.000,00 EUR
	b) Umsatzsteuer		an	Schlussbilanz	7.000,00 EUR

4. a) **Vorsteuer:** Forderung gegenüber dem Finanzamt (Aktivkonto); entsteht bei Eingangsrechnungen; Soll-Buchung.
   Umsatzsteuer: Verbindlichkeit gegenüber dem Finanzamt (Passivkonto); entsteht bei Ausgangsrechnungen; Haben-Buchung.

   b) • Lieferungen und Leistungen gegen Entgelt
   • Eigenverbrauch

   c) Endverbraucher (Privatmann)

5. a) Summe Vorsteuerbuchungen > Summe Umsatzsteuerbuchungen
   b) Aktivposten (Forderung gegenüber dem Finanzamt)
   c) Summe Umsatzsteuerbuchungen > Summe Vorsteuerbuchungen
   d) Passivposten (Verbindlichkeit gegenüber dem Finanzamt)

6. Keinen! Es handelt sich um durchlaufende Posten, somit kein Einfluss auf Gewinn/Verlust.

7. Keine Auswirkung! Durchlaufender Posten, somit keine Kosten.

8. a) Aktivkonto b) Passivkonto

9. Zahllast eher üblich; Begründung: Die Verkaufserlöse übersteigen die Einkaufspreise, da eine Mehrwertschöpfung stattfindet. Somit übersteigt üblicherweise die Umsatzsteuer (Basis: Nettoverkaufserlöse) die Vorsteuer (Basis Nettoeinkaufspreise).

10. Der Unternehmer soll grundsätzlich nicht mit Umsatzsteuer (Mehrwertsteuer) belastet werden, da er nicht Endverbraucher ist (Ausnahme: Eigenverbrauch). Ihm in Rechnung gestellte MwSt. (= Vorsteuer) erhält er vom Finanzamt zurückvergütet. MwSt., die er in Rechnung stellt (Umsatzsteuer), muss er ans Finanzamt abführen, sodass per Saldo keine erfolgsmäßige Auswirkung erfolgt.

11. Sie ist i. d. R. monatlich beim Finanzamt einzureichen (innerh. von 10 Tagen nach Ablauf des Monats). Vordruck, auf dem die Zahllast bzw. der Vorsteuerüberhang ermittelt wird.

12. a) Vorsteuerkorrektur:
   • Liefererskontoabzug bei Zahlung
   • Rücksendung an Lieferanten
   • Nachlass durch Lieferanten

   b) Umsatzsteuerkorrektur:
   • Kunde zieht bei Zahlung Skonto ab.
   • Rücksendung durch Kunden
   • Nachlass an Kunden

1.7 Kontenrahmen und Kontenplan

1. Industrie – Großhandel – Einzelhandel – Banken
2. Vgl. Stofftelegramm.
3. • übersichtliche Kontendarstellung • Zeitvergleiche möglich • Betriebsvergleiche möglich
4. Vgl. Stofftelegramm.
5. Kontokorrentkonten = Geschäftsfreundebuch = Kundenkonten (Debitoren) und Lieferantenkonten (Kreditoren)
6. a) Debitorenkonten = Kundenkonten = Forderungen; Kreditorenkonten = Lieferantenkonten = Verbindlichk.
   b) Sachkonten: Konten des Hauptbuches; sachlich geordnete Konten
   Personenkonten: Debitoren- und Kreditorenkonten

1.8 Buchungen beim Warenverkehr

1. **Wareneinsatz:** Einstandspreis der verkauften Ware
2. **Bestandsorientierte Buchung:** Buchung der Einkäufe zunächst auf einem Bestandskonto (200); Umbuchung auf das Verbrauchskonto (600) erst bei tatsächlichem Verbrauch
   Aufwandsrechnerische Buchung: sofortige Aufwandsbuchung (600) beim Einkauf
3. Wenn eingekaufte Waren sofort weiterverkauft werden (z. B. just in time).
4. **Liefererskonti:** Verringerung der Waren-Einstandspreise, somit Verringerung des Warenaufwandes → Gewinn steigt
   Kundenskonti: Verringerung der Umsatzerlöse → Gewinn sinkt
5. a) Verringerung Vorsteuerabzug, somit Erhöhung der Zahllast
   b) Verringerung der Umsatzsteuer, somit Verringerung der Zahllast

6.	280	Bank	595,00 EUR	2002	Preisnachlässe	500,00 EUR
				260	Vorsteuer	95,00 EUR
7.	240	Forderungen	11.900,00 EUR	500	Umsatzerlöse	10.000,00 EUR
				480	Umsatzsteuer	1.900,00 EUR
8.	200	Waren	13.500,00 EUR	44	Verbindlichkeiten	16.660,00 EUR
	2001	Bezugskosten	500,00 EUR			
	260	Vorsteuer	2.660,00 EUR			
9.	240	Forderungen	9.103,50 EUR	50	Umsatzerlöse	7.650,00 EUR
				48	Umsatzsteuer	1.453,50 EUR
10.	614	Frachten	80,00 EUR	44	Verbindlichkeiten	95,20 EUR
	260	Vorsteuer	15,20 EUR			
11.	44	Verbindlichkeiten	9.767,20 EUR	280	Bank	9.571,86 EUR
				2003	Liefererskonti	164,15 EUR
				260	Vorsteuer	31,19 EUR
12.	44	Verbindlichkeiten	11.900,00 EUR	280	Bank	11.543,00 EUR
				2003	Liefererskonti	300,00 EUR
				260	Vorsteuer	57,00 EUR
13.	5001	Preisn./Rücks.	150,00 EUR	240	Forderungen	178,50 EUR
	480	Umsatzsteuer	28,50 EUR			

14.	200 Waren 7.437,50 EUR 2001 Bezugskosten 240,00 EUR 260 Vorsteuer 1.458,73 EUR	44 Verbindlichkeiten 9.136,23 EUR
15.	2001 Bezugskosten 350,00 EUR 260 Vorsteuer 66,50 EUR	282 Kasse 416,50 EUR
16.	44 Verbindlichkeiten 190,40 EUR	2001 Bezugskosten 160,00 EUR 260 Vorsteuer 30,40 EUR
17.	44 Verbindlichkeiten 8.945,83 EUR	280 Bank 8.677,45 EUR 2003 Liefererskonti 225,53 EUR 260 Vorsteuer 42,85 EUR
18.	Der Wert der eingekauften Ware verringert sich um 160,00 EUR netto, entsprechend verringert sich die Vorsteuer und erhöht sich die Zahllast um 30,40 EUR.	
19.	5001 Preisn./Rücks. 600,00 EUR 480 Umsatzsteuer 114,00 EUR	240 Forderungen 714,00 EUR
20.	200 Waren 6.000,00 EUR 260 Vorsteuer 1.140,00 EUR	44 Verbindlichkeiten 7.140,00 EUR
21.	2001 Bezugskosten 140,00 EUR 260 Vorsteuer 26,60 EUR	282 Kasse 166,60 EUR
22.	240 Forderungen 6.545,00 EUR	500 Umsatzerlöse 5.500,00 EUR 480 Umsatzsteuer 1.045,00 EUR
23.	280 Bank 6.414,10 EUR 5002 Kundenskonti 110,00 EUR 480 Umsatzsteuer 20,90 EUR	240 Forderungen 6.545,00 EUR
24.	44 Verbindlichkeiten 952,00 EUR	2002 Rücksendungen 800,00 EUR 260 Vorsteuer 152,00 EUR
25.1	600 (200) Waren 36.000,00 EUR 6001 (2001) Bezugsk. 700,00 EUR 260 Vorsteuer 6.973,00 EUR	44 Verbindlichkeiten 43.673,00 EUR

25.2	Rechnungsbetrag 43.673,00 EUR – 2 % Skonto 873,46 EUR = Kreditbetrag 42.799,54 EUR Zinskosten des Bankkredits: Zins $z = \frac{42.799{,}54 \cdot 12 \cdot 25}{100 \cdot 360} = 356{,}66$ EUR Durch die Bezahlung mit Skonto spart er (873,46 – 356,66) **516,80 EUR.** Alternativrechnung: Skontosatz als Zinssatz $p = \frac{2 \cdot 100 \cdot 360}{98 \cdot 25} = 29{,}4\ \% > 12\ \%$ → Skonto günstiger						
25.3	44	Verbindlichkeiten	43.673,00 EUR	280 6003 260	Bank (2003) Liefererskonti Vorsteuer	41.799,54 EUR 734,00 EUR 139,46 EUR
26.1	600 6001 260	Aufwendungen, Waren Bezugskosten VSt.	2.400,00 EUR 134,00 EUR 481,46 EUR	44	Verbindl. aus Liefer.	3.015,46 EUR
26.2	44	Verbindlichk.	59,50 EUR	6001 260	Bezugskosten VSt.	50,00 EUR 9,50 EUR
26.3	44	Verbindlichk. aus Liefer.	514,08 EUR	6002 260	Rücksendungen VSt.	432,00 EUR 82,08 EUR
27.1	240	Forderungen	1.094,80 EUR	500 480	Umsatzerlöse USt.	920,00 EUR 174,80 EUR
27.2	280 5002 480	Bank Kundenskonti USt.	1.072,90 EUR 18,40 EUR 3,50 EUR	240	Forderungen	1.094,80 EUR
28.1	240	Forderungen	3.201,10 EUR	500 480	Umsatzerlöse USt.	2.690,00 EUR 511,10 EUR
28.2	5003 480	Kundenboni USt.	434,37 EUR 82,53 EUR	240	Forderungen	516,90 EUR
29.1	600 6001 260	Aufw. für Waren Bezugskosten Vorsteuer	776,94 EUR 35,56 EUR 154,38 EUR	44	Verbindlichkeiten	966,88 EUR
29.2	44	Verbindlichkei- ten	966,88 EUR	280 6003 260	Bank Liefererskonto Vorsteuer	947,54 EUR 16,25 EUR 3,09 EUR
30.1	240	Forderungen	1.666,00 EUR	500 480	Umsatzerlöse USt.	1.400,00 EUR 266,00 EUR
30.2	280 5002 480	Bank Kundenskonti USt.	1.632,68 EUR 28,00 EUR 5,32 EUR	240	Forderungen	1.666,00 EUR
30.3	Zahllast wird erhöht; Vorsteuerkorrektur im Haben, d. h., Vorsteuer (Forderung an das FA) verringert sich.					

1.9 Kauf von Anlagen

1. a)

070 Maschinen	32.200,00 EUR	an	440	Verbindlichkeiten	38.318,00 EUR
260 Vorsteuer	6.118,00 EUR				

b)

440 Verbindlichkeiten	38.318,00 EUR	an	280	Bank	37.551,64 EUR
		an	070	Maschinen	644,00 EUR
		an	260	Vorsteuer	122,36 EUR

2. a) AK = 120.000 + 11.000 + 1.200 + 1.000 + 400 = 133.600,00 – 2 % Skonto = 130.928,00 EUR

b)

084 Fuhrpark	133.600,00 EUR	an	440	Verbindlichkeiten	158.984,00 EUR
260 Vorsteuer	25.384,00 EUR				
703 Kfz-Steuer	1.600,00 EUR	an	280	Bank	4.495,00 EUR
690 Versicherungen	2.300,00 EUR				
605 Treibstoffe	500,00 EUR				
260 Vorsteuer	95,00 EUR				

c)

440 Verbindlichkeiten	158.984,00 EUR	an	280	Bank	155.804,32 EUR
		an	084	Fuhrpark	2.672,00 EUR
		an	260	Vorsteuer	507,68 EUR

3. AK = 400.000 + 8.000 + 9.000 + 600 + 5.000 = 422.600,00 EUR

050 Grundstücke	422.600,00 EUR	an	280	Bank	426.160,00 EUR
702 Grundsteuer	900,00 EUR		(Annahme: Überweisung)		
260 Vorsteuer	2.660,00 EUR				

4. Aktivierung = Soll-Buchung auf einem Aktivkonto

5. Anschaffungspreis
   \+ Anschaffungsnebenkosten
   – Anschaffungskostenminderungen
   = Aktivierungsbetrag (Anschaffungskosten)

6. Anschaffungsnebenkosten = Teil der Anschaffungskosten, daher aktivierungspflichtig. Alle Ausgaben u. Aufwendungen, die im Rahmen der Anschaffung zusätzlich zum Kaufpreis einmalig auftreten. Bsp.: Transport- u. Montagekosten, Zölle, Zulassungskosten, Notariatskosten, Grunderwerbsteuer.

7. Anschaffungskostenminderungen: Rabatte, Skonti, Boni

8. Nicht aktivierungsfähig: a, b, d, h, j
   Begründung für a, b, d, h: keine einmalig auftretenden Kosten, daher nicht aktivierungsfähig
   Begründung für j: nicht aktivierungsfähig, da durchlaufender Posten

9. Bodenwert: nicht abschreibungsfähig
   Gebäudewert: wird abgeschrieben; die Anschaffungskosten des reinen Gebäudes (ohne Grund und Boden) müssen daher als Abschreibungsbasis ermittelt werden.

10.

Gesamt		Grundstück	Gebäude
Kaufpreis	216.000,00 EUR	50.000,00 EUR	166.000,00 EUR
Notar-, Maklerkosten 12.000,00 EUR Grunderwerbsteuer 4.000,00 EUR	16.000,00 EUR	3.704,00 EUR	12.296,00 EUR
Anschaffungskosten	232.000,00 EUR	53.704,00 EUR	178.296,00 EUR
– Abschreibung 2 %/4 Monate			1.189,00 EUR
Gebäudewert			177.107,00 EUR
+ Grundstückswert			53.704,00 EUR
Bilanzansatz bebautes Grundstück			230.811,00 EUR

11.

Kaufpreis brutto (119 %)	60.690,00 EUR
– USt. (19 %)	9.690,00 EUR
Kaufpreis netto (100 %)	51.000,00 EUR
– 3 % Skonto	1.530,00 EUR
	49.470,00 EUR
+ Montagekosten	1.600,00 EUR
+ Transportversicherung	230,00 EUR
Anschaffungskosten	51.300,00 EUR
– Abschreibung (20 % $\cdot \frac{2}{12}$)	1.710,00 EUR
Bilanzansatz	**49.590,00 EUR**

12.

	137.100,00 EUR
– 2 % Skonto	2.742,00 EUR
	134.358,00 EUR
+ Transportkosten	1.380,00 EUR
+ Fundamentskosten	3.800,00 EUR
+ Montagekosten	700,00 EUR
Anschaffungskosten	**140.238,00 EUR**

13.1

Kaufpreis brutto	107.100,00 EUR
– USt.	17.100,00 EUR
Kaufpreis netto	90.000,00 EUR
– 3 % Skonto	2.700,00 EUR
	87.300,00 EUR
+ Fracht	1.400,00 EUR
+ Montage	3.300,00 EUR
Anschaffungskosten	92.000,00 EUR
– Ab. (10 % $\cdot \frac{3}{12}$)	2.300,00 EUR
Bilanzansatz	**89.700,00 EUR**

13.2 Analoge Rechnung ohne Fracht:
Bilanzansatz 88.335,00 EUR

Aufgaben – verschiedene Prüfungen

1. 05 Grundstücke 9.400,00 EUR an 280 Bank 9.400,00 EUR

2. a) Überführungs-, Zulassungskosten

   b) Großreparaturen, Aufbauten

3. a)

05 Grundstücke	150.000,00 EUR	an	280	Bank	120.000,00 EUR
		an	420	Verbindl. Kr. i.	30.000,00 EUR

   b)

05 Grundstücke	3.000,00 EUR	an	280	Bank	3.000,00 EUR

4. AK = Kaufpreis + Anschaffungsnebenkosten – Anschaffungskostenminderungen
   = zu aktivierender Betrag

5.1 Kaufpreis (100.000,00) + Grunderw.st (2.000,00) + Notariatsgeb. (1.000,00) = **103.000,00 EUR AK**

5.2 103.000,00 EUR

6. 050 Grundstücke 5.000,00 EUR an 280 Bank 5.000,00 EUR

1.10 Abschreibungen – geringwertige Wirtschaftsgüter

1. a) • Abschreibungen berücksichtigen die Wertminderungen bei Anlagegütern. Das Anlagevermögen wird somit richtig ausgewiesen. Gleichzeitig wird der Wertverlust durch eine Aufwandsbuchung berücksichtigt.

   • Abschreibungen werden in die Verkaufspreise einkalkuliert und fließen somit in Form von liquiden Mitteln in das Unternehmen zurück. Mit diesen Abschreibungsrückflüssen können nun die Neuanschaffungen finanziert werden. Vgl.: Finanzier. aus Abschreib.

   b) Abschreibungen sind Aufwendungen und verringern somit den Gewinn.

c) **Lineare Abschreibung:** Abschreibung vom Anschaffungswert – gleichbleibende Abschreibungsbeträge

Degressive Abschreibung: Abschreibung vom Buchwert – fallende Abschreibungsbeträge – führt nicht zum Nullwert, daher Übergang zur linearen Methode notwendig.

d) degressive Methode; hoher Wertverlust im ersten Jahr am besten berücksichtigt

e)

	Lineare Abschreibung	**Degressive Abschreibung**
a) erste Nutzungsjahre	Abschreibung niedriger, daher höherer Gewinn	Abschreibung höher, daher niedrigerer Gewinn
b) spätere Nutzungsjahre	Abschreibung höher, daher niedrigerer Gewinn	Abschreibung niedriger, daher höherer Gewinn

2. lineare Methode

Begründung: Abschreibungsbeträge im Vergleich zur degressiven Abschreibung in ersten Nutzungsjahren geringer, somit Gewinne und Vermögensausweis höher; Kreditwürdigkeit wirkt höher.

3. Um willkürlich zu hoch angesetzte Abschreibungen zu verhindern, was eine unangemessene Steuerverschiebung bedeuten würde.

4. AfA: steuerlicher Abschreibungsbegriff („Absetzung für Abnutzung“)

5. Anschaffungskosten, Abschreibungsmethode, Nutzungsdauer, Abschreibungssatz, genaue Bezeichnung des Gutes, exakter Anschaffungszeitpunkt

6.

Linear 12,5 %	Degressiv 20 %	
40.000,00	40.000,00	
5.000,00	8.000,00	
35.000,00	32.000,00	
5.000,00	6.400,00	
30.000,00	25.600,00	
5.000,00	5.120,00	
25.000,00	20.480,00	
5.000,00	4.096,00	linear
20.000,00	16.384,00	
5.000,00	4.096,00	linear
15.000,00	12.288,00	
5.000,00	4.096,00	linear
10.000,00	8.192,00	
5.000,00	4.096,00	linear
5.000,00	4.096,00	
5.000,00	4.096,00	linear
0	0	

7.

Anschaffungskosten	105.000,00 EUR
20 %	21.000,00 EUR
(80 %)	86.000,00 EUR
20 %	17.200,00 EUR
(80 %)	68.800,00 EUR
20 %	13.760,00 EUR
(80 %)	55.040,00 EUR

8. a)

119 % =	4.760,00 EUR
100 % =	4.000,00 EUR
– 2 % Skonto	80,00 EUR
	3.920,00 EUR
– 20 % · 6 : 12 =	392,00 EUR
	3.528,00 EUR

8. b)

	3.920,00 EUR
– 20 %	784,00 EUR
	3.136,00 EUR

9./10. Vgl. Stofftelegramm.

Aufgaben – verschiedene Prüfungen

1. 168.750,00 EUR (Abschreibung sechs Monate)

2. Um willkürlich zu hoch angesetzte Abschreibungen zu verhindern, was eine unangemessene Steuerverschiebung bedeuten würde.

3.
   - Erfassung der Wertverluste, richtiger Ausweis des Anlagevermögens
   - Verteilung der Anschaffungskosten auf die Nutzungsdauer
   - Kalkulation der Abschreibungen in den Preisen, damit am Ende der Nutzungsdauer eine Wiederbeschaffung möglich ist
   - steuerrechtliche Vorschriften

4. Degressiv: fallende Abschreibungsbeträge; linear: gleichbleibende Abschreibungsbeträge

5.1	050	unbeb. Grundst.	230.000,00 EUR	an	280	Bank	690.000,00 EUR
	051	bebaute Grundst.	460.000,00 EUR				

5.2 2 % von 690.000,00 = 13.800,00 + 1.200,00 = 15.000,00 EUR
→ Aufteilung auf Grundstücke u. Geb. (1 : 2):

	050	unbeb. Grundst.	5.000,00 EUR	an	281	Postgiro	15.000,00 EUR
	051	bebaute Grundst.	10.000,00 EUR				
5.3	650	Abschreib.	9.200,00 EUR	an	051	bebaute Grst.	9.200,00 EUR
6.	650	Abschreib.	8.000,00 EUR	an	051	bebaute Grst.	8.000,00 EUR

7.1	0830	Lager + Transp.-Einr.	67.040,00 EUR	4400	Vbl. a. LL.	79.777,60 EUR
	2600	VSt.	12.737,60 EUR			
7.2	4400	Vbl. a. LL.	79.777,60 EUR	2800	Bank	78.182,05 EUR
				0830	Lager Transp.	1.340,80 EUR
				2600	VSt.	254,75 EUR

7.3 67.040,00 EUR – 1.340,80 EUR = 65.699,20 EUR

8.1	089	gWG	415,00 EUR	44	Vbl. a. LL.	
	260	Vorsteuer	78,85 EUR			
8.2	44	Vbl. a. LL.	493,85 EUR	089	gWG	8,30 EUR
				260	Vorsteuer	1,58 EUR
				280	Bank	483,97 EUR

9. a)

6800	Büromaterial	50,00 EUR	an 2820	Kasse	59,50 EUR
2600	Vorsteuer	9,50 EUR			

Der Taschenrechner wird sofort als Aufwand verbucht. Der Gewinn vermindert sich dadurch um 50,00 EUR.

ba) Abschreibung für 9 Monate = 450,00 EUR

6500 Abschr. a. SA 450,00 EUR an 0710 Maschinen 450,00 EUR

bb) Wertansatz der Bilanz: 1.950,00 EUR (2.400,00 EUR – 450,00 EUR)

bc) Gemildertes Niederstwertprinzip (gilt nur für Finanzanlagen):

Es muss der Wert 1.950,00 EUR angesetzt werden. Diese Bewertung vermindert den Gewinn um 450,00 EUR (strenges Niederstwertprinzip) (BilMog).

1.11 Prüfungsaufgaben

Prüfungsaufgaben Sommer 2013 (Aufgabe 1, teilweise)

2. Buchung der Ausgangsrechnung:

2400 Forderungen	4.105,50 EUR	an	5000 UE	3.450,00 EUR
			4800 USt.	655,50 EUR

Prüfungsaufgaben Winter 2013/2014 (Aufgabe 2, teilweise)

2.4	2400 Forderungen	14.274,29 EUR	an	5000 Umsatzerlöse	11.995,20 EUR
				4800 Umsatzsteuer	2.279,09 EUR
2.5	2800 Bank	13.846,06 EUR	an	2400 Forderungen	14.274,29 EUR
	4800 Umsatzsteuer	68,37 EUR			
	5002 Kundenskonti	359,86 EUR			

Prüfungsaufgaben Sommer 2014 (Aufgabe 1)

1\.

1				
600 Aufw. f. Waren	33.595,00	an	440 Verbindl. a. LL.	39.978,05
260 Vorsteuer	6.383,05			
2				
240 Forderungen	12.435,50	an	500 Umsatzerlöse	10.450,00
			480 Umsatzsteuer	1.985,50
3				
5001 Preisnachlässe	104,00	an	240 Forderungen	123,76
480 Umsatzsteuer	19,76			
4				
440 Verbindlichkeiten a. LL.	2.975,00	an	280 Bank	2.915,50
			6003 Lieferskonti	50,00
			260 Vorsteuer	9,50
280 Bank	1.200,00	an	571 Zinserträge	1.200,00
5				
680 Büromaterial	320,00	an	440 Verbindlichkeiten	1.332,80
089 GWG	800,00			
260 Vorsteuer	212,80			

2. Zinsen = 39.178,49 · 10 · 20 : 100 · 360 = 217,66 EUR
   Skontobetrag: 2 % von 39.978,05 EUR = 799,56 EUR
   Ersparnis: 799,56 EUR – 217,66 EUR = 581,90 EUR

3. Die Differenz aus Umsatzsteuer und Vorsteuer bezeichnet man auch als Zahllast. Die Vogel GmbH hat im Monat Mai Umsatzsteuer in Höhe von 45.600,00 EUR von ihren Kunden erhalten. Da sie 32.752,20 EUR an Vorsteuer an die Lieferanten bezahlt hat, muss sie noch 12.847,80 EUR an das Finanzamt überweisen.

4800 Umsatzsteuer	32.752,20	an	2600 Vorsteuer	32.752,20
4800 Umsatzsteuer	12.847,80	an	2800 Bank	12.847,80

Prüfungsaufgaben Sommer 2014 (Aufgabe 3, teilweise)

2.2	5001	Preisnachlässe. und Rückst.	2.400,00	an	2400	Forderungen	2.856,00
	4800	USt.	456,00				
3.	6140	Frachten und Fremdl.	150,00	an	4400	Verbindl. a. LL.	178,50
	2600	VSt.	28,50				

Prüfungsaufgaben Winter 2014/2015 (Aufgabe 1, teilweise)

1.4.1 Buchung Ausgangsrechnung

Konten-Nr.	Konten	Soll	Haben
240	Forderungen aus Lieferung und Leistung	19.406,28	
an 500	an Umsatzerlöse		16.307,80
an 480	an Umsatzsteuer		3.098,48

1.4.2 Erläuterung:

Vom Rechnungsbetrag des Restholzes dürfen 20 % abgezogen werden. Die Bezugskosten bleiben unberührt.

Der Debitor begleicht die Rechnung am 17.04.20.. außerhalb der Skontofrist.

Zieleinkaufspreis Restholz Fichte aus Anlage 1	19.173,28 EUR
– 20 % Preisnachlass	3.834,66 EUR
= Zielverkaufspreis	15.338,62 EUR
+ Bezugskosten	233,00 EUR
= Überweisungsbetrag	15.571,62 EUR

Berechnung des Preisnachlasses netto:

119 % brutto	119 % = 3.834,66 EUR
100 % netto	100 % = 3.222,40 EUR
19 % USt.-Anteil	19 % = 612,26 EUR

Buchung:

Konten-Nr.	Konten	Soll	Haben
5001	Preisnachlässe	3.222,40	
480	Umsatzsteuer	612,26	
an 240	an Forderungen a. LL.		3.834,66

1.4.3 Buchung

Konten-Nr.	Konten	Soll	Haben
2800	Bank	15.571,62	
an 240	an Forderungen a. LL.		15.571,62

Prüfungsaufgaben Sommer 2015 (Aufgabe 2)

2.1 52.500,00 EUR

2.2	084 Fuhrpark	52.500,00	an	440 Verb. a. LL.	63.665,00
	690 Versicherung	1.000,00			
	260 VSt.	10.165,00			
2.3	440 Verb. a. LL.	63.665,00	an	280 Bank	63.665,00

2.4.1

Datum	Gegenstand/Text	Zugänge in EUR	Abschreibung	Restwert in EUR
08.03.15	MaXXi-Van	52.500,00	–	–
31.12.15	MaXXi-Van	–	(10/12) 8.750,00	43.750,00
31.12.16	MaXXi-Van	–	10.500,00	33.250,00
31.12.17	MaXXi-Van	–	10.500,00	22.750,00
31.12.18	MaXXi-Van	–	10.500,00	12.250,00
31.12.19	MaXXi-Van	–	10.500,00	1.750,00
31.12.20	MaXXi-Van	–	(2/12) 1.750,00	0,00 (oder 1,00 EUR Erinnerungswert)

2.4.2	650 AfA	8.750,00	an	084 Fuhrpark	8.750,00
2.4.3	802 GuV	17.000,00	an	650 AfA	17.000,00
2.5	290 ARAP	3.600,00	an	670 Mietaufwendungen	3.600,00

Prüfungsaufgaben Winter 2015/2016 (Aufgabe 1)

1.1	086 BGA	4.210,00	an	440 Verb. a. LL.	5.009,90
	260 VSt.	799,90			
	440 Verb. a. LL.	5.009,90	an	086 BGA	126,30
				260 VSt.	24,00
				280 Bank	4.859,60

Anschaffungskosten:

Chefsessel 1.250,00 – Skonto 37,50 = 1.212,50 AK
Kopierer 2.960,00 – Skonto 88,80 = 2.871,20 AK

1.2	680 Büromaterial	72,49	an	282 Kasse	86,26
	260 VSt.	13,77			
	282 Kasse	292,74	an	500 Umsatzerlöse	246,00
				480 USt.	46,74
	703 Kfz-Steuer	216,00	an	280 Bank	216,00
	280 Bank	8,37	an	571 Zinserträge	8,37
	440 Verb. a. LL.	1.547,00	an	280 Bank	1.547,00

1.3	280 Bank	7.849,24	an	240	Forderungen	8.011,08
	5002 Kundenskonti	136,00				
	480 USt.	25,84				

Hinweis: Statt der erlaubten 2 % Skonto hat der Kunde 3 % Skonto abgezogen, daher werden nur 8.011,08 EUR statt der 8.092,00 EUR gebucht.

Notiz:

Hallo Frau Hoffmann, unser Kunde, die Müller KG, hat bei Rechnung 18/274 vom 05.10.2015 statt 2 % Skonto 3 % abgezogen. Hier sollten wir die fehlenden 80,92 EUR noch nachfordern. Mit freundlichem Gruß, Schülername

2 Kosten- und Leistungsrechnung I (= LF 8): Preispolitische Maßnahmen vorbereiten und steuern

2.1 Abgrenzungsrechnung: Ziele, Aufwendungen und Kosten

1. Vgl. Stofftelegramm.
2. a) Aufwendungen, b) Ausgaben + Aufwendungen, c) Ausgaben, d) Aufw. (AfA), e) Aufwend.
3. betriebsfremde, periodenfremde, außerord. Aufwendungen, Verluste aus AV-Abgängen
4. a) Neutrale Aufwendungen: Aufwendungen, die nicht als Kosten erfasst werden (vgl. 3.)
   b) Zweckaufwand: kostengleicher Aufwand
   c) Grundkosten: aufwandsgleiche Kosten
   d) Zusatzkosten: Kosten, die in der GuV nicht als Aufwand erfasst werden
   e) Anderskosten: Kosten, die in der GuV in anderer Höhe als in der KLR erfasst werden
5. Vgl. Stofftelegramm.
6. a) Kosten b) periodenfremd c) Verluste aus AV-Abgang d) Kosten
   e) betriebsfremd f) Kosten g) außerordentlich h) Kosten
7. Abgrenzung der Kosten und Leistungen (= Größen der KLR) von den Aufwendungen und Erträgen (= Größen der GuV-Rechnung). Neutrale Aufwendungen und Erträge werden herausgefiltert, um die für die KLR notwendigen reinen Kosten und Leistungen zu erhalten.
8. Vgl. Stofftelegramm.

2.2 Kalkulatorische Kosten

1. Vgl. Stofftelegramm.
2. Unterscheidungsmerkmale: vgl. auch Stofftelegramm
   Begründungen für den unterschiedlichen Ansatz kalkulatorischer Abschreibungen:

   - **Abschreibung des betriebsnotwendigen Vermögens:** Nur dieses dient dem ordnungsgemäßen Betriebsablauf. Darüber hinausgehendes Vermögen darf kalkulatorisch nicht berücksichtigt werden, weil z. B. Konkurrenten dieses auch nicht kalkulieren.

   - **Lineare Abschreibung:** Im Unterschied zur degressiven Abschreibung führt die lineare Abschreibung zu einer kostenrechnerisch erwünschten gleichmäßigen Kostenbelastung der einzelnen Perioden.

   - **Abschreibungsgrundlage = Wiederbeschaffungskosten:** Bei Preissteigerungen kann die neue Maschine aus den Abschreibungsrückflüssen beschafft werden. Hierdurch wird eine substanzielle Kapitalerhaltung erreicht.

3. a) Vgl. Stofftelegramm.

   b) Zinsaufwendungen: tatsächlich gezahlte Zinsen

   kalkulator. Zinsen: Verzinsung des betriebsnotwendigen Kapitals (= verzinsliches Fremdkapital + Eigenkapital); Verzinsung zu marktüblichem Zinssatz

4.

Anlagevermögen	600.000,00 EUR
– nicht betriebsnotw. Grundstück	110.000,00 EUR
betriebsnotwendiges AV	490.000,00 EUR
Umlaufvermögen	260.000,00 EUR
betriebsnotwendiges Vermögen	750.000,00 EUR
– Abzugskapital	270.000,00 EUR
betriebsnotwendiges Kapital	480.000,00 EUR

hiervon 10 % = **48.000,00 EUR** kalkulator. Zinsen

5.

Zweckaufwand = Grundkosten:	100.000,00 EUR
Neutrale Aufwendungen:	20.000,00 EUR
Zusatzkosten:	0,00 EUR

6. • Wiederbeschaffungskosten sind gesunken: kalkulator. Abschreibung < bilanzielle Abschreibung

   • Bilanzielle degressive Abschreibung, die in den Anfangsjahren > lineare Abschreibung

7. a) Gesamtergebnis = E – A = **–40.000,00 EUR**

   b) Betriebsergebnis = **+10.000,00 EUR**

   c) neutrales Ergebnis = **–50.000,00 EUR**

   d) Kosten = **50.000,00 EUR**

Nebenrechnung:

neutrale Erträge = Erträge – Leistungen = 70.000,00 – 60.000,00 = 10.000,00 EUR

Neutrales Ergebnis:

neutrale Erträge – neutr. Aufw. = 10.000,00 – 60.000,00 = ***–50.000,00*** **EUR**

Betriebsergebnis:

Ges.erg. – neutr. Erg. = –40.000,00 – (–50.000,00) = ***+10.000,00*** **EUR**

Betriebsergebnis:

Leistungen – Kosten → ***Kosten*** *= 60.000,00 – 10.000,00* = ***+50.000,00*** **EUR**

2.3 Ergebnistabelle

a) **Ergebnistabelle (in TEUR)**

Konto - Nr.	GuV		UA		KK		KLR	
	Aufw.	Erträge	nA	nE	A (GuV)	K (KLR)	Kosten	Leistungen
500		3.200						3.200
571		40		40				
600	1.070						1.070	
613	120						120	
620	540						540	
63	480						480	
64	260						260	
65	280				280	250	250	
679	40						40	
696	50		50					
751	80						80	
	2.920	3.240	50	40	280	250	2.840	3.200
	320			10		30	360	
	3.240	3.240	50	50	280	280	3.200	3.200

Ergebnis aus unternehmensbezogenen Abgrenzungen	– 10 TEUR
Ergebnis aus kostenrechnerischen Korrekturen	– 30 TEUR
neutrales Ergebnis	– 40 TEUR
Betriebsergebnis	+ 360 TEUR
Gesamtergebnis laut GuV	+ 320 TEUR

b)
- Die kalkulatorische Abschreibung erfasst die tatsächliche Wertminderung.
- Die einzelnen Perioden sollen gleichmäßig belastet werden; daher lineare Abschreibung.
- Eine Wiederbeschaffung aus den in die Preise kalkulierten und zurückfließenden Abschreibungsbeträgen soll ermöglicht werden. Folglich Abschreibung vom Wiederbeschaffungswert → substanzielle Kapitalerhaltung (Erhaltung der Unternehmenssubstanz).

2.4 Prüfungsaufgaben

Prüfungsaufgaben Winter 2013/2014 (Aufgabe 1, teilweise)

1.1

Kosten- und Leistungsrechnung 1. Halbjahr		
Konto	**Kosten**	**Leistungen**
Umsatzerlöse u. so. betr. Erträge		317.310,00 EUR
Aufwendungen für Waren	99.675,00 EUR	
Gehälter u. Sozialabgaben	122.300,00 EUR	
kalk. Abschreibungen	30.000,00 EUR	
kalk. Zinsen	17.528,00 EUR	
sonstige Kosten	14.087,00 EUR	
Summen	283.590,00 EUR	317.310,00 EUR
Betriebsergebnis (+/–)	+33.720,00 EUR	
Summen	317.310,00 EUR	317.310,00 EUR

Kalkulatorische Abschreibungen:
Gesamtnutzungsdauer 10 Jahre (8 RestND + 2 bereits abgeschr.) →

$$\frac{600.000{,}00 \text{ EUR}}{10 \cdot 2} = 30.000{,}00 \text{ EUR (1. Halbjahr)}$$

1.2 Kalkulatorische Zinsen:
Die kalk. Zinsen werden in der KLR als Kosten übernommen, weil dieser Betrag in die Kalkulation eingehen soll. Die Zinsaufwendungen in der GuV-Rechnung sind die tatsächlich bezahlten Zinsen für überlassenes Fremdkapital. Die kalk. Zinsen werden vom gesamten betriebsnotwendigen Kapital, also auch vom Eigenkapital, errechnet, daher der höhere Zinsbetrag.

1.3 Möglicherweise hatte das Unternehmen im ersten Halbjahr hohe neutrale Aufwendungen, z. B. Unfallschaden, Garantiefall und/oder andere außerordentliche oder periodenfremde Aufwendungen, die nicht in die Kostenrechnung eingehen, also das Betriebsergebnis nicht beeinflussen.

3 Kosten- und Leistungsrechnung II (= LF 8): Preispolitische Maßnahmen vorbereiten und steuern

3.2 Prüfungsaufgaben

Prüfungsaufgaben Sommer 2013 (Aufgabe 2, teilweise)

1.1 G = E – K

G = (82,50 · 900) – (32.700,00 + 32,50 · 900) = 74.250,00 – 61.950,00 = 12.300,00 EUR

1.2 $K_f + k_v = e$

32.700 + 32,50 x = 82,50 x

x = 654 Stück

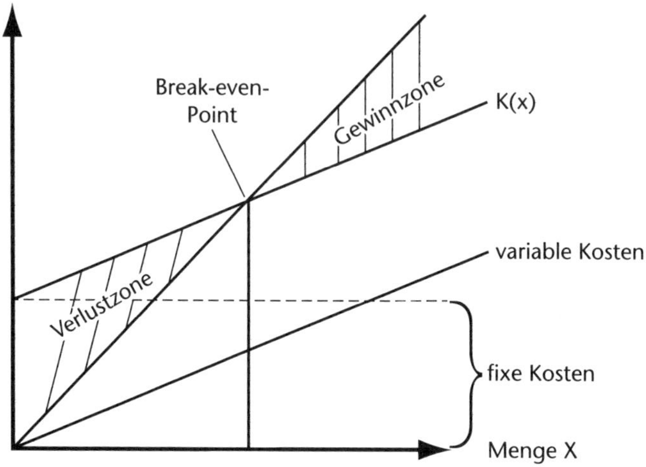

4 Kosten- und Leistungsrechnung III (= LF 8): Preispolitische Maßnahmen vorbereiten und steuern

4.1 Kostenstellenrechnung (BAB)

1. • Verursachungsgerechte Zuordnung (Verteilung) der Gemeinkosten nach Belegen oder Verteilungsschlüsseln auf die einzelnen Kostenstellen. Die Verteilung erfolgt im BAB.

   • Ermittlung von Zuschlagsätzen für die Kostenträgerstück- und Kostenträgerzeitrechnung

   • Ermöglichung der Kostenkontrolle in einzelnen Kostenstellen (Wirtschaftlichkeitskontrolle)

2. Vgl. Stofftelegramm.

3. **Kostenstelle:** Diejenigen Orte im Unternehmen, an denen die Gemeinkosten entstehen – zumeist Betriebsabteilungen. Die Kostenstelle muss ein selbstständiger Verantwortungsbereich sein, damit eine wirksame Kostenkontrolle möglich ist.

4. 1. Übertrag der Gemeinkosten aus der Geschäftsbuchhaltung in den BAB (Spalte 1)

   2. Verteilung der Gemeinkosten auf die einzelnen Kostenstellen

   3. Ermittlung der Kostenstellensummen

   4. Umlage der allgemeinen Hilfskostenstellen auf die anderen Kostenstellen

   5. Umlage der besonderen Hilfskostenstellen auf die ihnen übergeordneten Kostenstellen

   6. Ermittlung der Summen der Hauptkostenstellen

   7. Ermittlung der Handlungskostenzuschlagsätze

5. Verursachungsgerechte Verteilung der Gemeinkosten auf die Kostenstellen, in denen sie entstanden sind.

6. **Kostenstelleneinzelkosten:** Gemeinkosten, die mithilfe von Belegen direkt den Kostenstellen zugerechnet werden können. Beispiel: Abschreibungen können aufgrund der Anlagenkartei eindeutig den Kostenstellen zugerechnet werden.

   Kostenstellengemeinkosten: Gemeinkosten, die lediglich indirekt mithilfe von Verteilungsschlüsseln auf die Kostenstellen umgelegt werden können. Beispiel: Gewerbesteuer.

7. 600.000,00 EUR = 100 %
   200.000,00 EUR = x % → Handlungskostenzuschlagsatz (x) = 33,33 %

4.2 Kostenträgerstückrechnung

4.2.4 Aufgaben zur Vorwärts-, Rückwärts- und Differenzkalkulation

1.	EP 250 St. · 3,15 EUR		787,50 EUR	
	– LR	12 %	94,50 EUR	
	ZEP		693,00 EUR	
	– LSK	2 %	13,86 EUR	
	BEP		679,14 EUR	
	+ BK		13,50 EUR	
	BP		692,64 EUR	
	+ Hako	16 %	110,82 EUR	
	SK		803,46 EUR	
	+ Gewinn	10 %	80,35 EUR	
	BVP		883,81 EUR	
	+ KSK	3 %	27,33 EUR	
	ZVP		911,14 EUR	
	+ KR	20 %	227,79 EUR	
	NVP 250 Stück		1.138,93 EUR	(evtl. Rundungs-
	NVP 65 Stück		**296,12 EUR**	differenzen)

2.	EP		3.786,13 EUR	3.398,98 EUR	Senkung um
	– LR	10 %	378,61 EUR	339,90 EUR	
	ZEP		3.407,52 EUR	3.059,08 EUR	387,15 EUR
	– LSK	2,5 %	85,19 EUR	76,48 EUR	
	BEP		3.322,33 EUR	2.982,60 EUR	=
	+ BK		75,00 EUR	75,00 EUR	
	BP		3.397,33 EUR	3.057,60 EUR	**10,23 %**
	+ Hako	20 %	679,47 EUR	611,52 EUR	
	SK		4.076,80 EUR	3.669,12 EUR	
	+ Gewinn	15 %	611,52 EUR	550,37 EUR	
	BVP		4.688,32 EUR	4.219,49 EUR	
	+ KSK	2 %	95,68 EUR	86,11 EUR	
	ZVP		4.784,00 EUR	4.305,60 EUR	
	+ KR	8 %	416,00 EUR	374,40 EUR	
	NVP (5.200 – 520 = 4.680)		**5.200,00 EUR**	**4.680,00 EUR**	

3.	EP 240,00 EUR · 6 =		1.440,00 EUR
	– LR	10 %	144,00 EUR
	ZEP		1.296,00 EUR
	– LSK	2 %	25,92 EUR
	BEP		1.270,08 EUR
	+ BK		65,00 EUR
	BP		1.335,08 EUR
	+ Hako	25 %	333,77 EUR
	SK 1		668,85 EUR
	+ Gewinn	9,37 %	156,35 EUR
	BVP 1		825,20 EUR
	+ KSK	2,5 %	46,80 EUR
	ZVP 1		872,00 EUR
	+ KR	20 %	468,00 EUR
	NVP 3,90 EUR · 600 St.		**2.340,00 EUR**

4.	BP		100,00 EUR
	+ Hako	15 %	15,00 EUR
	SK		115,00 EUR
	+ Gewinn	8 %	9,20 EUR
	BVP		124,20 EUR
	+ KSK	2 %	2,53 EUR
	ZVP		126,73 EUR
	+ KR	12 %	17,28 EUR
	NVP		144,01 EUR

Kazu = **44,01 %**

KF = **1,4401**

5. Rohgewinn = 2.360,00 – 1.680,00 = **680,00** EUR

$$\text{Kazu} = \frac{680{,}00 \text{ EUR} \cdot 100}{1.680{,}00 \text{ EUR}} = \mathbf{40{,}48\ \%}$$

KF = 1,4048

6.

	BP		62,37 EUR
+	Hako	20 %	12,47 EUR
	SK		74,84 EUR
+	Gewinn	10 %	7,48 EUR
	BVP		82,32 EUR
+	KSK	2 %	1,68 EUR
	ZVP		84,00 EUR
+	KR	16 %	16,00 EUR
	NVP		100,00 EUR

	NVP	100,00 EUR
–	BP	62,37 EUR
	Rohgewinn	37,63 EUR

Haspa = **37,63 %**

7.

$$KF = \frac{\text{Kazu} + 100}{100} = \frac{30 + 100}{100} = 1{,}3$$

BP	100,00 EUR	130,00 EUR = 100 %
+ 30 % Kazu	30,00 EUR	30,00 EUR = x %
NVP	130,00 EUR	Haspa: **x = 23,08 %**

Alternativlösung:
Kazu
Haspa = KF

$$= \frac{30}{1{,}3} = \mathbf{23{,}08\ \%}$$

8.

BP	40,00 EUR
Haspa 60 %	60,00 EUR
NVP	100,00 EUR

$$\text{Kazu} = \frac{\text{Rohgewinn} \cdot 100}{\text{BP}} = \frac{60 + 100}{40} = \mathbf{150\ \%}$$

9. a)

	EP		7.006,27 EUR
–	LR	18 %	1.261,13 EUR
	ZEP		5.745,14 EUR
–	LSK	2,5 %	143,63 EUR
	BEP		5.601,51 EUR
+	BK		245,00 EUR
	BP		5.846,51 EUR
+	Hako	16 %	935,44 EUR
	SK		6.781,95 EUR
+	Gewinn	13 %	881,65 EUR
	BVP		7.663,60 EUR
+	KSK	2 %	156,40 EUR
	ZVP		7.820,00 EUR
+	KR	15 %	1.380,00 EUR
	NVP		9.200,00 EUR

b)

NVP	9.200,00 EUR
– BP	5.846,51 EUR
Rohgewinn	3.353,49 EUR

$$\text{Kazu} = \frac{\text{Rohgew.} \cdot 100}{\text{BP}} = \frac{3.353{,}49 \text{ EUR} \cdot 100}{5.846{,}51 \text{ EUR}} = \mathbf{57{,}36\ \%}$$

KF = **1,5736**

$$\text{Haspa} = \frac{\text{Kazu}}{\text{KF}} = \frac{57{,}36}{1{,}5736} = \mathbf{36{,}45\ \%}$$

4.3 Prüfungsaufgaben

Prüfungsaufgaben Winter 2013/2014 (Aufgabe 1, teilweise)

1.4

Kostenart	Gesamtbetrag (EUR)	Verteil.schlüssel			Boule-Kugeln (EUR)	Boule-Equipment (EUR)	Sonstige Artikel (EUR)
Gehälter	17.840,00	3	4	1	6.690,00	8.920,00	2.230,00
Sozialabgaben	2.370,00	2	2	1	948,00	948,00	474,00
kalk. Kosten	16.650,00	4	3	2	7.400,00	5.550,00	3.700,00
Kost. D. GV	980,00	0	1	6	0,00	140,00	840,00
Büromaterial	2.616,00	4	3	1	1.308,00	981,00	327,00
Werbung	3.600,00	2	2	2	1.200,00	1.200,00	1.200,00
Versicherungen	1.600,00	1	2	1	400,00	800,00	400,00
so. Kosten	5.760,00	1	1	1	1.920,00	1.920,00	1.920,00
Summen	51.416,00				19.866,00	20.459,00	11.091,00
Einzelkosten:		Boule-Kugeln			61.200,00		
		Boule-Equipment				40.130,00	
		sonstige Artikel					29.600,00
Zuschlagsätze:					32,5 %	51,0 %	37,5 %

1.5 Beim Normalkostensatz von 35 % bei Boule-Kugeln: $\frac{61.200,00 \cdot 35}{100} = 21.420,00$ EUR

21.420,00 EUR (Normalkosten) – 19.866,00 EUR (Ist-Kosten) = 1.554,00 EUR Kostenüberdeckung

Es sind in diesem Monat weniger Kosten angefallen als im Durchschnitt. Dies könnte durch Einsparungen bei irgendeiner Kostenart erreicht worden sein, z. B. bei Werbungskosten, Büromaterial, Personal usw.

Prüfungsaufgaben Winter 2013/2014 (Aufgabe 2, teilweise)

2.1 + 2.3

Vorzeichen (+/–/=)		Aufg. 2.1		Aufg. 2.3	
		%	EUR	%	EUR
	Listeneinkaufspreis		71,00		
–	Liefererrabatt	1,5	1,07		
=	Zieleinkaufspreis		69,93		
–	Liefererskonto	2,0	1,40		
=	Bareinkaufspreis		68,53		
+	Bezugskosten		0,61		
=	Einstandspreis (Bezugspreis)		69,14		
+	Handlungskostenzuschlag	35,0	24,20		
=	Selbstkosten		93,34		93,34
+	Gewinnzuschlag	15,0	14,00	**3,9**	**3,61**
=	Barverkaufspreis		107,34		96,96
+	Kundenskonto	3,0	3,32		3,00
=	Zielverkaufspreis		110,66		99,96
+	Kundenrabatt	2,0	2,26		2,04
=	Verkaufspreis (netto)		**112,92**		**102,00**

2.2 langfristige Preisuntergrenze bei 93,34 EUR (Selbstkosten)

2.3 Siehe 2.1.

5 Kosten- und Leistungsrechnung IV (= LF 8): Preispolitische Maßnahmen vorbereiten und steuern

5.1 Deckungsbeitragsrechnung

1. a)

	A	B	C	insgesamt
Erlöse (EUR)	900.000,00	1.700.000,00	1.250.000,00	3.850.000,00
Gesamtkosten (EUR)	850.000,00	1.350.000,00	1.360.000,00	3.560.000,00
Betriebsergebnis (EUR)	50.000,00	350.000,00	–110.000,00	290.000,00

ba)

	A	B	C	insgesamt
Erlöse (EUR)	900.000,00	1.700.000,00	1.250.000,00	3.850.000,00
variable Kosten (EUR)	650.000,00	1.200.000,00	860.000,00	2.710.000,00
Deckungsbeitrag (EUR)	250.000,00	500.000,00	390.000,00	1.140.000,00
Fixkosten (EUR)				850.000,00
Betriebsergebnis insgesamt (vgl. a)				**290.000,00**

bb)

	A	B	insgesamt
Erlöse (EUR)	900.000,00	1.700.000,00	2.600.000,00
variable Kosten (EUR)	650.000,00	1.700.000,00	1.850.000,00
Deckungsbeitrag (EUR)	250.000,00	500.000,00	750.000,00
Fixkosten (EUR)			850.000,00
Betriebsergebnis insgesamt (EUR)			**–100.000,00**

Fehlender Deckungsbeitrag C (390.000,00 EUR) vermindert Betriebsergebnis in dieser Höhe.

bc)
- Arbeitsplatzerhaltung
- „Vorzeigeartikel“
- Sortimentsvielfalt
- negativer DB evtl. nur vorübergehend
- Komplementärartikel ...

bd) Preisuntergrenze = variable Stückkosten:

A: 650.000,00 : 30.000,00 = **21,67 EUR**
B: **40,00 EUR**
C: **24,58 EUR**

2./3. Vgl. Stofftelegramm.

5.2 Prüfungsaufgaben

Prüfungsaufgaben Sommer 2013 (Aufgabe 2, teilweise)

2.1

	db	DB	K_{fix}	BE
THS-4252	152,90 EUR	152.900,00 EUR		
VRY-1002	91,50 EUR	219.600,00 EUR		
VRY-1001	71,30 EUR	142.600,00 EUR		
Summe		515.100,00 EUR	385.840,00 EUR	129.260,00 EUR

2.2 Annahme lohnt sich kostenrechnerisch nicht, da die Preisuntergrenze (variable Stückkosten) unterschritten wird.
negativer OB 6,70 (56,70 – 50,00) · 500 Stück = 3.350,00 EUR
Neues Betriebsergebnis: 129.260,00 EUR – 3.350,00 EUR = 125.910,00 EUR

2.3.1 Sofortige Herausnahme von THS-4252 führt zu Verlust für den Großhändler.
Daher zunächst weiter THS-4252 im Sortiment belassen, um Fixkosten zu decken.

DB VRY-1002	219.600,00 EUR
DB VRY-1001	142.600,00 EUR
= Summe DB	362.200,00 EUR
– Kf neu	365.840,00 EUR
Verlust:	3.640,00 EUR

2.3.2 Zum Beispiel feste Lieferverträge, Kundenverlust

Prüfungsaufgaben Winter 2014/2015 (Aufgabe 2)

2.1 Differenzkalkulation

	%-Satz	Kosten in EUR
Listeneinkaufspreis		200,00
– Liefererrabatt	5 %	10,00
Zieleinkaufspreis		190,00
– Liefererskonto	3 %	5,70
Bareinkaufspreis		184,30
+ Bezugskosten		5,00
Einstandspreis		189,30
+ Handlungskostenzuschlag	45%	85,19
Selbstkosten		274,49
+ Gewinn	–3,60 %	–9,89
Barverkaufspreis		264,60
+ Kundenskonto	2 %	5,40
Zielverkaufspreis		270,00
+ Kundenrabatt	10 %	30,00
Listenverkaufspreis		300,00

2.2

Zahlen der Teilkostenrechnung für April 20..			
	Kühlschränke	**Spülmaschinen**	**Mikrowellenherde**
Absatzmenge	6.340,00	7.140,00	6.875,00
Umsatzerlöse	1.677.564,00	1.570.800,00	893.750,00
variable Kosten	1.250.162,00	1.071.000,00	578.600,00
Deckungsbeitrag	427.402,00	499.800,00	315.150,00
Stückdeckungsbeitrag	67,41	70,00	45,84
relative Deckungsbeiträge	25,48 %	31,82 %	35,30 %
fixe Kosten			1.100.000,00
Betriebsergebnis			142.352,00

Alternativlösung Zahlen der Teilkostenrechnung für April 20..			
	Kühlschränke	**Spülmaschinen**	**Mikrowellenherde**
Absatzmenge	6.340,00	7.140,00	6.875,00
Umsatzerlöse	1.648.400,00	1.570.800,00	893.750,00
variable Kosten	1.222.900,00	1.071.000,00	578.600,00
Deckungsbeitrag	425.500,00	499.800,00	315.150,00
Stückdeckungsbeitrag	67,11	70,00	45,84
relative Deckungsbeiträge	25,81 %	31,80 %	35,30 %
fixe Kosten			1.100.000,00
Betriebsergebnis			140.450,00

2.3

Sehr geehrter Herr Becker,

die Differenzkalkulation ergibt tatsächlich einen Verlust von ca. 10,00 EUR je Kühlschrank. Dennoch sollte man den Kühlschrank deshalb nicht aus dem Sortiment nehmen. Die Vollkostenrechnung berücksichtigt nicht, dass die Fixkosten pro Stück mit steigender Stückzahl abnehmen, sondern geht implizit von konstanten Fixkosten pro Stück aus. Die Teilkostenrechnung ergibt einen Deckungsbeitrag je Stück von 67,41 EUR. Die Kühlschränke tragen also erheblich zur Deckung der Fixkosten bei. Eine Reduktion der Absatzzahlen würde zu einer Verringerung des Gewinns führen.

6 Aufbereitung und Bewertung des Unternehmensergebnisses (= LF 9)

6.1 Bestandteile des Jahresabschlusses einer GmbH[1]

6.2 Die Bewertung (Ziele, Bewertungsgrundsätze)

1./2. Vgl. Stofftelegramm.

3. **Teilhaberschutz:** Die Teilhaber (Eigentümer) haben ein berechtigtes Interesse an stabilen Gewinnausschüttungen. Somit müssen sie geschützt werden vor Unterbewertung des Vermögens bzw. Überbewertung der Schulden (= Gewinnverringerung).

   Gläubigerschutz: Die Gläubiger haben ein Interesse daran, dass die Tilgungen problemlos erfolgen können. Notwendig daher: Schutz vor zu hohen Gewinnausschüttungen; Bewertung nach dem Vorsichtsprinzip

4. a) Gewinnverringerung
   b) Gewinnerhöhung
   c) Gewinnerhöhung
   d) Gewinnverringerung

5. a) **Vorsichtsprinzip:** Oberster Grundsatz der Bewertung; bei mehreren möglichen Wertansätzen soll beim Vermögen der niedrigere (Niederstwertprinzip), bei den Schulden der höhere Wert (Höchstwertprinzip) angesetzt werden. So wird der Gewinn relativ niedrig (vorsichtig) ausgewiesen
   Gefahr zu hoher Ausschüttungen (Liquiditätsentzug!) entfällt.

   b) **Imparitätsprinzip:** Nicht realisierte Gewinne dürfen nicht ausgewiesen werden (Realisationsprinzip). Nicht realisierte Verluste müssen ausgewiesen werden.

   Anschaffungswertprinzip: Die Anschaffungskosten eines Vermögensgegenstandes dürfen nie überschritten werden.

   Höchstwertprinzip: gilt bei den Schulden; von zwei möglichen Wertansätzen muss jeweils der höhere angesetzt werden.

   Gemildertes Niederstwertprinzip: gilt beim Anlagevermögen nur für Finanzanlagen; bei vorübergehender Wertminderung darf niedrigerer Wert angesetzt werden (Wahlrecht).

   Strenges Niederstwertprinzip: gilt beim Umlaufvermögen; beim Anlagevermögen nur, wenn die Wertminderung voraussichtlicher dauerhaft ist; der niedrigere Wert muss angesetzt werden (Pflicht).

6. a) strenges und gemildertes Niederstwertprinzip
   b) strenges Niederstwertprinzip
   c) Höchstwertprinzip

---

[1] *Vgl. Stofftelegramm.*

7. a) **Stille Rücklagen:**
   - vorhandene, aber in Bilanz nicht ausgewiesene Teile des Eigenkapitals
   - Entstehung: Unterbewertung des Vermögens bzw. Überbewertung der Schulden, wodurch Teile des Gewinns nicht ausgewiesen werden = verdeckte (stille) Selbstfinanzierung

   b) Grundstücke, Gebäude: Wegen des Anschaffungswertprinzips sind die Anschaffungskosten stets die Obergrenze. Die Grundstückswerte steigen oft erheblich darüber hinaus.

   Maschinen: degressive Abschreibung bewirkt in den ersten Jahren erhebliche Unterbewertungen; abgeschriebene Maschinen werden oft noch genutzt. (Hinweis: degressive Abschreibung zurzeit steuerlich nicht möglich)

   Rückstellungen: oft zu hohe Schätzung

   c)
   - Vermögen zu niedrig, Schulden zu hoch ausgewiesen: fehlende Aussagekraft der Bilanz (Verschleierung der wirklichen Lage des Unternehmens möglich)
   - Den Eigentümern werden Gewinne vorenthalten.
   - hohe Gewinne bei Auflösung der stillen Rücklagen (Verschleierung der Erfolgslage)
   - Vorteil: Die Bildung stiller Rücklagen entspricht dem Vorsichtsprinzip; Finanzierung ohne Finanzierungskosten; kein HV-Beschluss nötig; Steuerverschiebung ...

8. 60 Paar · 62,00 EUR = 3.720,00 EUR; Begründung: Laut Anschaffungswertprinzip dürfen die Anschaffungs- oder Herstellungskosten niemals überschritten werden.

9. a) 25,00 EUR; Begründung siehe 8.

   b) 24,00 EUR; Begründung: strenges Niederstwertprinzip beim Umlaufvermögen

10. a) Es handelt sich um Umlaufvermögen (kurzfristige Anlage), somit gilt das strenge Niederstwertprinzip.

    b) Anlagevermögen (langfristig) und Finanzanlage, somit gilt gemildertes Niederstwertprinzip → Wahlrecht 400,00 EUR bis 450,00 EUR (Ausnahme: voraussichtlich dauernde Wertminderung → dann 400,00 EUR)

11. Anwendung des Devisenkassamittelkurses am 31.12. (Restlaufzeit < 1 Jahr):
    1,50 CHF = 1,00 EUR → 200.000,00 CHF = **133.333,32 EUR**

12. Höchstwertprinzip gilt bei Währungsverbindlichkeiten mit einer Restlaufzeit > 1 Jahr.
    1,25 USD = 1,00 EUR → 120.000,00 USD = **96.000,00 EUR**

13. Nicht realisierte Gewinne dürfen nicht, nicht realisierte Verluste müssen ausgewiesen werden = Imparitätsprinzip.

    Skonto darf hier nicht ausgewiesen werden, da es sonst zum Ausweis eines noch nicht realisierten Gewinns kommt. → Richtiger Wertansatz: 416.500,00 EUR (Höchstwertprinzip)

Aufgaben – verschiedene Prüfungen

1. 31.12.01: Kurs 342 (strenges Niederstwertprinzip)

   31.12.02: zwischen Kurs 342 und Kurs 386 (Wertaufholung möglich)

2. 220.000,00 EUR; Anschaffungswert stets Obergrenze

3. 15.750,00 EUR:
   - strenges Niederstwertprinzip beim Umlaufvermögen
   - Obergrenze stets Anschaffungskosten

4. mit 350.000,00 EUR (Vornahme einer außerplanmäßigen Abschreibung)

   Begründung: Eindeutige Verluste sind stets auszuweisen (Imparitätsprinzip).

5. Vorsichtsprinzip: Vermögen eher niedrig, Schulden eher höher bewerten

   Bsp.: Bewertung Rohstoffbestände (= UV) bei fallenden Preisen zum niedrigeren Wert (strenges NWP), damit der Gewinn nicht zu hoch ausgewiesen wird.

6. 74 Abschreibungen auf WP an 27 Wertpapiere des UV 300,00 EUR → Ansatz: 2.100,00 EUR

7. kaufmännische Vorsicht; Gläubigerschutz

8. durch Anwendung des Niederstwertprinzips sowie Anschaffungswertprinzips

   Beispiel: Grundstückspreise steigen über die Anschaffungskosten, dürfen jedoch maximal zu Anschaffungskosten bewertet werden.

6.3 Zeitliche Abgrenzung

	Soll				Haben		
1.	a)	751	Zinsaufwendungen	3.000,00 EUR	489	sonstige Verbindlichkeiten	3.000,00 EUR
	b)	489	sonstige Verbindl.	3.000,00 EUR	280	Bank	3.000,00 EUR
2.	a)	690	Versicherungen	2.000,00 EUR	280	Bank	2.000,00 EUR
	b)	290	ARAP	2.000,00 EUR	690	Versicherungen	2.000,00 EUR
	c)	690	Versicherungen	2.000,00 EUR	290	ARAP	2.000,00 EUR
3.	a)	269	sonstige Forderungen	5.000,00 EUR	540	Mieterträge	5.000,00 EUR
	b)	280	Bank	5.000,00 EUR	269	sonstige Forderungen	5.000,00 EUR
4.	a)	280	Bank	4.000,00 EUR	540	Mieterträge	4.000,00 EUR
	b)	540	Mieterträge	4.000,00 EUR	490	PRAP	4.000,00 EUR
	c)	490	PRAP	4.000,00 EUR	540	Mieterträge	4.000,00 EUR
5.	a)	269	sonstige Forderungen	525,00 EUR	571	Zinserträge	525,00 EUR
	b)	280	Bank	900,00 EUR	571	Zinserträge	375,00 EUR
					269	sonstige Forderungen	525,00 EUR
6.		571	Zinserträge	120,00 EUR	490	PRAP	120,00 EUR
7.	a)	690	Versicherungen	300,00 EUR	280	Bank	300,00 EUR
	b)	290	ARAP	200,00 EUR	690	Versicherungen	200,00 EUR
	c)	690	Versicherungen	200,00 EUR	290	ARAP	200,00 EUR
8.		677	Rechtskosten	2.000,00 EUR	390	sonst. Rückstellungen	2.000,00 EUR
9.	a)	700	Steuern	8.000,00 EUR	380	Steuerrückstellungen	8.000,00 EUR
	b)	380	Steuerrückstellungen	8.000,00 EUR	280	Bank	8.000,00 EUR
	c)	380	Steuerrückstellungen	8.000,00 EUR	280	Bank	6.000,00 EUR
					548	Erträge aus Auflös. Rückst.	2.000,00 EUR
	d)	390	sonst. Rückstellungen	8.000,00 EUR	280	Bank	9.000,00 EUR
		699	periodenfr. Aufw.	1.000,00 EUR			

10. a) Sie dienen der zeitlichen Abgrenzung der Erfolge (Aufwendungen und Erträge). Der Erfolg ist in dem Jahr zu berücksichtigen, in dem er entstanden ist = Grundsatz der periodengerechten Erfolgsermittlung.

b) **Aktiver RAP:** Ausgabe altes Jahr – Aufwand neues Jahr
Sonst. Forderung: Ertrag altes Jahr – Einnahme neues Jahr

c) **Passiver RAP:** Einnahme altes Jahr – Ertrag neues Jahr
Sonst. Verbindlichkeit: Aufwand altes Jahr – Ausgabe neues Jahr

11. a) **Sonstige Forderung:** Wir erhalten im Januar 02 die Miete für Dezember 01.
Sonstige Verbindlichk.: Wir zahlen im Januar 02 Miete für Dezember 01.

b) **Aktiver RAP:** Wir zahlen im Dezember 01 die Miete für Januar 02.
Passiver RAP: Wir erhalten im Dezember 01 die Miete für Januar 02.

12. a) **Aktiver RAP:** gewinnerhöhend, da Aufwandskorrektur
    b) **Passiver RAP:** gewinnmindernd, da Ertragskorrektur
    c) **Sonst. Verbindlichkeit:** gewinnmindernd, da Aufwandsbuchung
    d) **Sonstige Forderung:** gewinnerhöhend, da Ertragsbuchung

13. a) **Rückstellungen:** Schulden für Aufwendungen, die am Bilanzstichtag zwar ihrem Grunde nach feststehen, deren Höhe bzw. Fälligkeit jedoch ungewiss ist. Schätzung notwendig.

    b) • ungewisse Verbindlichkeiten (z. B. zu erwartende Steuernachzahlungen, Prozesskosten aufgrund eines laufenden Prozesses, Garantieverpflichtungen)
    • drohende Verluste aus schwebenden Geschäften (z. B. starker Preisverfall bereits gekaufter, jedoch noch nicht gelieferter Rohstoffe)
    • unterlassene Instandhaltungsaufwendungen, die im nächsten Geschäftsjahr innerhalb von drei Monaten nachgeholt werden
    • Gewährleistungen: ohne rechtliche Verpflichtung (Kulanz)

    c) Die Bildung einer Rückstellung bedeutet gleichzeitig eine Aufwandsbuchung, führt somit zu einer Gewinnminderung.

    d) Sonstige Verbindlichkeiten: Stehen eindeutig fest.
    Rückstellungen: Höhe bzw. Fälligkeit der Schuld ist ungewiss. Folglich sind Schätzungen notwendig (Bewertungsspielräume, Bildung stiller Rücklagen möglich).

    e) Rückstellungen: Fremdkapital
    Rücklagen: Eigenkapital (einbehaltene Gewinne)

Aufgaben – verschiedene Prüfungen

	Soll			Haben		
1.	290	ARAP	900,00 EUR	690	Versicherungen	900,00 EUR
2.	571	Zinserträge	200,00 EUR	490	PRAP	200,00 EUR
3.	751	Zinsaufwendungen	2.400,00 EUR	489	sonst. Verbindlichkeiten	2.400,00 EUR
4.	290	ARAP	300,00 EUR	670	Miete	300,00 EUR
5.	677	Rechtskosten	4.800,00 EUR	39	sonst. Rückstellungen	4.800,00 EUR
6.	290	ARAP	450,00 EUR	703	Kfz-Steuer	450,00 EUR
7.	700	GewSt	1.300,00 EUR	38	Steuerrückstellungen	1.300,00 EUR
8.	642	Beiträge an BG	6.480,00 EUR	489	sonst. Verbindlichkeiten	6.480,00 EUR
9.	290	ARA	1.400,00 EUR	670	Miete	1.400,00 EUR
10.	700	GewSt	3.400,00 EUR	38	Steuerrückstellungen	3.400,00 EUR
11.	39	sonst. Rückstellungen	6.000,00 EUR	281	Postgiro	4.600,00 EUR
				548	Erträge a. Rst.-Auflös.	1.400,00 EUR
12.	290	ARAP	3.800,00 EUR	687	Werbung	3.800,00 EUR
13.	269	sonst. Forderungen	2.800,00 EUR	571	Zinserträge	2.800,00 EUR
14.	700	GewSt	8.000,00 EUR	38	Steuerrückstellungen	8.000,00 EUR
15.	269	sonst. Forderungen	580,00 EUR	571	Zinserträge	580,00 EUR

	Soll			Haben		
16.	290	ARAP	36.000,00 EUR	670	Mietaufwendungen	36.000,00 EUR
17.	613	Instandh./Rep.	35.000,00 EUR	39	Rückstellungen	35.000,00 EUR
18.	269	sonst. Forderungen	200,00 EUR	571	Zinserträge	200,00 EUR
19.	613	Instandhaltung	25.000,00 EUR	39	Rückstellungen	25.000,00 EUR
20.	290	ARAP	750,00 EUR	703	Kfz-Steuer	750,00 EUR
21.	751	Zinsaufwendungen	4.200,00 EUR	489	sonst. Verbindlichkeiten	4.200,00 EUR
	(Zins/Halbj. 7 % = 6.300,00 EUR; $\frac{4}{6}$ = 4.200,00 EUR)					
22.	677	Rechtskosten	8.000,00 EUR	39	Rückstellungen	8.000,00 EUR
23.	290	ARAP	5.850,00 EUR	690	Versicherungen	5.850,00 EUR
24.	269	sonst. Forderungen	1.400,00 EUR	540	Mieterträge	1.400,00 EUR
25.	290	ARAP	720,00 EUR	690	Versicherungen	720,00 EUR
26.	670	Mieten	2.800,00 EUR	489	sonst. Verbindlichkeiten	2.800,00 EUR
27.	540	Mieterträge	90,00 EUR	490	PRAP	90,00 EUR
28.	269	sonst. Forderungen	40,00 EUR	571	Zinserträge	40,00 EUR

29. Sie dient der zeitlichen Abgrenzung der Erfolge (Aufwendungen und Erträge). Der Erfolg ist in dem Jahr zu berücksichtigen, in dem er entstanden ist = Grundsatz der periodengerechten Erfolgsermittlung.

30.
- Schulden für unterlassene Aufwendungen in einem früheren Geschäftsjahr
- unbestimmt in Höhe und/oder Fälligkeit
- dienen der zeitlichen Abgrenzung von Aufwendungen
- müssen wirtschaftlich begründet sein, da die bei der Bildung der Rückstellungen gebuchten Aufwendungen den Gewinn mindern
- Beispiele: Gewährleistungsansprüche, laufende Prozesskosten, Gewerbesteuernachzahlungen, Pensionsverpflichtungen

31. Bei den sonstigen Verbindlichkeiten sind die Höhe der Zahlung und die Fälligkeit bekannt. Rückstellungen werden gebildet, wenn Höhe und Zeitpunkt der Zahlung noch ungewiss sind.

6.4 Kennzahlen (Jahresabschluss auswerten)

1./2. Vgl. Stofftelegramm.

3. **Fristenparallelität:** Die Fristigkeiten des Kapitals sollen den Fristigkeiten des Vermögens entsprechen (langfristiges Vermögen soll langfristig finanziert sein: das Anlagevermögen und der Eiserne Bestand des Umlaufvermögens müssen mit Eigenkapital und langfristigem Fremdkapital finanziert sein).
   Begründung: Die Tilgung der Finanzierungsmittel sollte aus dem Rückfluss des Vermögens (Abschreibungsrückflüsse beim Anlagevermögen) möglich sein.

4. Vgl. Stofftelegramm.

5. a) 2 % b) 5 %

6. a) Deckungsgrad I = EK : AV = 460.000,00 EUR : 720.000,00 EUR = 0,64
   Deckungsgrad II = (EK + lfr. FK) : AV = 881.000,00 EUR : 720.000,00 EUR = 1,22

   Das Anlagevermögen sollte nach der Goldenen Bilanzregel i. w. S. mit Eigenkapital finanziert sein (Deckungsgrad II > = 1). Diese Bedingung ist hier erfüllt.

   b) Grad der finanziellen Unabhängigkeit = (EK · 100) : Gesamtkapital
   = (460.000,00 EUR · 100) : 1.071.000,00 EUR
   = 42,95 %

   Das bedeutet in Anbetracht deutscher Durchschnittswerte – je nach Branche – eine gute bis sehr gute Eigenkapitalausstattung.

   c) Verschuldungsgrad = FK : EK = 611.000,00 EUR : 460.000,00 EUR = 1,33

   Dies entspricht zwar nicht dem optimalen Verschuldungsgrad von 1, ist jedoch in Anbetracht der Durchschnittswerte nicht zu beanstanden.

   d) Liquidität 1 = (57.000,00 EUR · 100) : 190.000,00 EUR = 30 %

   → Optimal, da weit über den angestrebten ca. 20 % liegend

   Liquidität 2 = (141.000,00 EUR · 100) : 190.000,00 EUR = 74,21 %

   → Bedenklich, da die geforderten ca. 100 % bei Weitem nicht erreicht werden. Eventuelle Gefahr von Liquiditätsengpässen

   e) Cashflow = 92.000,00 EUR + 140.000,00 EUR + 32.000,00 EUR = **264.000,00 EUR**

7. a) **Optimaler Verschuldungsgrad:**

   - Traditionelle Formulierung: FK : EK = 1 : 1 (= überholt; typisches Verhältnis: 0,3 : 1)
   - Moderne Formulierung: Fremdkapitalaufnahme für Investitionszwecke ist sinnvoll, solange der Fremdkapitalzins niedriger als die Gesamtkapitalrentabilität ist (Leverage-Effekt).

   b) Der optimale Verschuldungsgrad hängt von vielen Faktoren ab: Branche, Betriebsgröße, Risikograd der Investitionen ...

8. Je höher der Eigenkapitalanteil, umso krisensicherer ist die Unternehmung (hohe Haftsumme, Unabhängigkeit von Gläubigern, hohe Kreditwürdigkeit, geringe Zins- und Tilgungsbelastung, Sicherheit in Krisenzeiten).

9. • Es liegt eine Überliquidität vor, da beim Liquiditätsgrad II 100 % genügen würden.

   • Überliquidität führt zu Zinsverlusten; mit den überschüssigen Mitteln könnten z. B. Fremdkapitalien abgebaut werden → Reduzierung der Fremdkapitalzinsen.

10. Vgl. Stofftelegramm.

11. a) Mögliche Ursachen:
   • Kapitalerhöhung wurde durchgeführt (EK steigt)
   • Umwandlung von Fremdkapital in Eigenkapital (Umfinanzierung)
   • hohe Fremdkapitaltilgung aus Selbstfinanzierungsmitteln

   b) • relativ hohe Verschuldung im ersten Jahr (90 %) – Verbesserung im zweiten Jahr
   • 70 % Verschuldung ist in deutschen Unternehmen üblich
   • Probleme hohen Fremdkapitals: Abhängigkeit von Banken; Tilgung + Zinsen!

12. Unternehmung A:
   • Deckungsgrad II problematisch (Anlagevermögen ist gerade noch langfristig finanziert, sodass eine Tilgung aus Abschreibungsrückflüssen knapp möglich ist).
   • Der Eiserne Bestand des Umlaufvermögens ist nicht langfristig finanziert; dies könnte zu Problemen führen.

   Unternehmung B:
   • Günstige Deckungsgrade das Anlagevermögen und der Eiserne Bestand sind langfristig finanziert.
   • finanziell stabile Unternehmung

13. Vgl. Stofftelegramm.

14. • Finanzierung: Die Beurteilung der Finanzierung wäre unter Einbeziehung der stillen Rücklagen günstiger (Eigenkapital steigt).

   • $\text{Eigenkapitalrentabilität} = \frac{\text{Gewinn} \cdot 100}{\text{Eigenkapital}}$

   → Die Beurteilung der EK-Rentabilität wäre unter Einbeziehung der stillen Rücklagen ungünstiger, weil die Eigenkapitalgröße steigt.

6.5 Prüfungsaufgaben

Prüfungsaufgaben Winter 2012/2013 (Aufgabe 1)

	Datum	Kontonummer	Konto	Soll	Haben
1.1.1	31.12.	6130	Instandhaltungen und Reparaturen	2.970,00 EUR	
	31.12.	4890	sonstige Verbindlichkeiten		2.970,00 EUR
1.1.2	31.12.	2690	sonstige Forderungen	400,00 EUR	
	31.12.	5710	Zinserträge		400,00 EUR
1.1.3	31.12.	2900	ARAP	250,00 EUR	
	31.12.	7030	Kfz-Steuer		250,00 EUR
1.1.4	30.12.	2800	Bank	3.300,00 EUR	
	30.12.	5400	Erträge aus Vermietung u. Verp.		3.300,00 EUR
	31.12.	5400	Erträge aus Vermietung u. Verp.	2.200,00 EUR	
	31.12.	4900	PRAP		2.200,00 EUR
1.1.5	31.12.	7700	Gewerbesteuer	2.000,00 EUR	
	31.12.	3800	Steuerrückstellungen		2.000,00 EUR

1.2 Die bisherigen Buchungen sind notwendig, um eine periodengerechte Erfassung von Aufwendungen und Erträgen zu erreichen.

1.3.1 0720 Sportgeräte z. Verleih 6.000,00 EUR an 4400 Verb. a. LL. 7.140,00 EUR
2600 Vorsteuer 1.140,00 EUR

1.3.2 6500 Abschr. auf Sachanl. 400,00 EUR an 0720 Sportgeräte z. Verleih 400,00 EUR

Prüfungsaufgaben Winter 2012/2013 (Aufgabe 2)

2.1 Schülerabhängige Antwort, z. B.

Die Darstellung der Übersicht ist mitzubewerten.

Athletic Power GmbH	**Branchen-durchschnitt**
Liquidität 2. Grades: 53,27 %	120 %
Fazit: Die Athletic Power GmbH ist schlechter als der Branchendurchschnitt. Mögliche Maßnahmen zur Verbesserung: Verringerung des Lagerbestandes zur Erhöhung der flüssigen Mittel bzw. kurzfristigen Forderungen Lagerung der Ware auf Kommission Umwandlung kurzfristiger Verbindlichkeiten in langfristige Verbindlichkeiten	
Eigenkapitalrentabilität: 2,70 %	8,25 %
Fazit: Die Athletic Power GmbH ist schlechter als der Branchendurchschnitt. Mögliche Maßnahmen zur Verbesserung: Verringerung des Eigenkapitals → wenn die Gesamtkapitalrentabilität über dem Fremdkapitalzinssatz liegt, Erhöhung des Gewinns → Erhöhung der Absatzzahlen bzw. Erhöhung des Absatzpreises durch eine Optimierung absatzpolitischer Instrumente z. B. Optimierung des Sortiments, Werbemaßnahmen etc. → Reduzierung des Aufwands, z. B. durch Energieeinsparung	

Rechenweg:

Liquidität 2. Grades:

$$\frac{(18.700{,}00 \text{ EUR} + 20.000{,}00 \text{ EUR} + 10.389{,}24 \text{ EUR} + 24.200{,}00 \text{ EUR} + 4.600{,}00 \text{ EUR}) \cdot 100}{(6.000{,}00 \text{ EUR} + 123.780{,}00 \text{ EUR} + 8.234{,}00 \text{ EUR} + 8.200{,}00 \text{ EUR})}$$

= 53,27 %

Eigenkapitalrentabilität:

$$\frac{64.033{,}70 \text{ EUR} \cdot 100}{2.368.000{,}00 \text{ EUR}} = 2{,}70\ \%$$

2.2 GuV-Rechnung der Athletic Power GmbH für das Geschäftsjahr 2011 (in EUR)

	Plan-Wert 2011	Ist-Wert 2011	Veränderung in %
1. Umsatzerlöse	14.800.000,00	15.000.000,00	
4. sonstige betriebliche Erträge	37.000,00	37.025,00	
5. Aufwendungen für Waren	7.100.000,00	7.620.000,00	7,32 %
6. Personalaufwand	6.000.000,00	6.500.000,00	8,33 %
7. Abschreibungen	320.000,00	320.000,00	
8. sonstige betriebliche Aufwendungen	45.800,00	45.800,00	
11. sonstige Zinsen und ähnliche Erträge	4.300,00	4.300,00	
13. Zinsen und ähnliche Aufwendungen	143.334,00	143.334,00	
14. Ergebnis der gewöhnlichen Geschäftstätigkeit	1.232.166,00	412.191,00	
18. Steuern vom Einkommen und Ertrag	369.649,80	123.657,30	
19. sonstige Steuern	14.500,00	14.500,00	
20. Jahresüberschuss	848.016,00	274.033,70	

Operative Ziele:
Abweichung Position 5 → Ziel: Reduzierung des Warenaufwands im Geschäftsjahr 2012, z. B. um 10 %
Abweichung Position 6 → Ziel: Reduzierung des Personalaufwands im Geschäftsjahr 2012, z. B. um 10 %

Formulierung entsprechender Maßnahmen:
schülerabhängige Antworten, z. B.

- Reduzierung der Personalaufwendungen durch Personaleinsparung
- Reduzierung des Warenaufwands durch günstigere Lieferanten

2.3 Auflistung der Auszahlungen für das Geschäftsjahr 2012

Warenaufwand	7.680.960,00 EUR
Personalaufwand	6.175.000,00 EUR
Investitionen	62.500,00 EUR
Sonstige betriebliche Aufwendungen	50.000,00 EUR
Zinsen und ähnliche Aufwendungen	143.334,00 EUR
Steuern	152.000,00 EUR
Sonstige erfolgsneutrale Auszahlungen	25.000,00 EUR
Summe	14.288.794,00 EUR

Prüfungsaufgaben Sommer 2014 (Aufgabe 2)

1. Berechnung des Wertverlustes: 12.000,00 : 8 = 1.500,00 EUR
   Monatsgenau: 1.500,00 · 9 : 12 = 1.125,00 EUR

650 Abschreibungen a. S.	1.125,00	an	083 Lager- u. Transporteinr.	1.225,00

2.

654 Abschr. a. GWG	25.000,00	an	089 GWG	25.000,00
500 Umsatzerlöse WG1	1.420,00	an	5002 Kundenskonti	1.420,00

3. Am Jahresende sind noch 500 Heizkörper auf Lager. Beim FIFO-Verfahren werden 400 Stück zu 160,00 EUR und 100 Stück zu 155,00 EUR bewertet.
   Der Durchschnittswert beträgt somit: (64.000,00 + 15.500,00) : 500 =159,00 EUR
   Aufgrund des Niederstwertprinzips werden die Heizkörper mit 79.500,00 EUR (159,00 · 500) bewertet, da der Verkehrswert am 31.12. höher ist.

4.

269 sonstige Forderungen	600,00	an	571 Zinserträge	600,00
290 aktive Rechnungsabgr.	800,00	an	671 Leasing	800,00

5.

613 Instandhaltung	12.000,00	an	39 sonstige Rückstellungen	12.000,00

6. $\text{EK-Rentabilität} = \frac{155.000 \cdot 100}{1.200.000} = 12{,}92\ \%$

   $$\text{Liquidität II} = \frac{(780.000 + 238.000 + 1.400) \cdot 100}{1.432.400} = 71{,}17\ \%$$

   $$\text{Goldene Bilanzregel i. w. S.} = \frac{2.480.000 \cdot 100}{2.093.000} = 118{,}49\ \%$$

   Cashflow = 155.000,00 + 160.000,00 = 315.000,00

   Betriebsergebnis = Leistungen – Kosten = 1.716.400,00 EUR – 1.535.000,00 EUR = 181.400,00 EUR

   Beurteilung:
   Würde man zurzeit sein Geld bei der Bank anlegen, bekäme man im Schnitt 1,5 % Zinsen. Von daher geht die EK-Verzinsung noch in Ordnung. Die Liquidität II sollte über 100 % liegen, was nicht der Fall ist. Da aber der Cashflow aufgrund der hohen Abschreibungen sehr hoch ist, sehe ich keine Gefahr für die Liquidität des Unternehmens.
   Die Goldene Bilanzregel ist auch erfüllt, da das langfristige Anlagevermögen auch langfristig finanziert ist. Das Unternehmen steht meiner Ansicht nach gut da, vor allem, wenn man noch berücksichtigt, dass das Betriebsergebnis um 26.400,00 EUR höher ausfällt als der Gewinn. (Ohne die außerordentlichen Aufwendungen würde die EK-Rentabilität bei 15,4 % liegen.)

Prüfungsaufgaben Winter 2014/2015 (Aufgabe 1, teilweise)

1.1 Anschaffungskosten:
Erläuterung: Der Dieselkraftstoff darf nicht angesetzt werden.

Kranwagen MB 720i	87.990,00 EUR
+ Werbelackierung dunkelgrün	1.400,00 EUR
+ Überführungskosten	320,00 EUR
+ Krangehänge Typ 23x	7.344,00 EUR
= Anschaffungskosten	**97.054,00 EUR**

1.2.1 Die Abschreibung im Anschaffungsjahr muss monatsgenau erfolgen.
Anschaffung am 12.04. → 9 Monate

$$\text{Abschreibung Anschaffungsjahr} = \frac{97.054{,}00}{8} \cdot \frac{9}{12} = 9.098{,}81 \text{ EUR}$$

Anlagekarte			
Bezeichnung:	Kranwagen MB 720i	Inventarnr.:	27543
Hersteller:	MB	Nutzungsdauer	
Baujahr:	20..	in Jahren:	8
Herstellkosten:		Abschreibungs-	
Rechnung	01247/12.04.2013	methode:	linear
Anschaffungskosten:	**97.054,00 EUR**		
Tag der Anschaffung:	12.04.2013		
Bilanzstichtag	**Abschreibung**	**Buchwert**	**Bemerkung**
31.12.2013	**9.098,81 EUR**	**87.955,19 EUR**	

1.2.2 Buchung

Konten-Nr.	Konten	Soll	Haben
650	Abschreibung auf Sachanlagen	9.098,81	
an 084	an Fuhrpark		9.098,81

1.3 $$\text{gewogener Durchschnittspreis} = \frac{7.442{,}63}{2.473} = 3{,}01 \text{ EUR/l}$$

Das Imprägniermittel muss zum niedrigeren Marktwert (2,41 EUR/l) in der Bilanz angesetzt werden. Beim Umlaufvermögen gilt das strenge Niederstwertprinzip.
360 l · 2,41 EUR = 867,60 EUR

Prüfungsaufgaben 2016 bis 2017

1 Prüfungsaufgaben Großhandelsgeschäfte Sommer 2016

Aufgabe 1

1.1.1	2400 Forderungen	13.328,00	an	5000 Umsatzerlöse	11.200,00
				4800 USt.	2.128,00

1.1.2

Beleg	Gutschrift
allgemeine Informationen	Name: Prüfling Kundennr.: 1568 Kundenanschrift: BAD und MEHR KG, Stäudlestraße 14, 09111 Chemnitz
Inhalt	• Betreff • Anrede • optional – Dank für die Information • optional – Entschuldigung • Info über Preisnachlass (35 %/netto 1.260,00 EUR/brutto 1.499,40 EUR) • Schlussformel

5001	PNL	1.260,00	an	2400 Forderungen	1.499,40
4800	USt.	239,40			

1.1.3	2800 Bank	11.473,74	an	2400 Forderungen	11.828,60
	5002 Kundenskonto	298,20			
	4800 USt.	63,84			

1.2.1

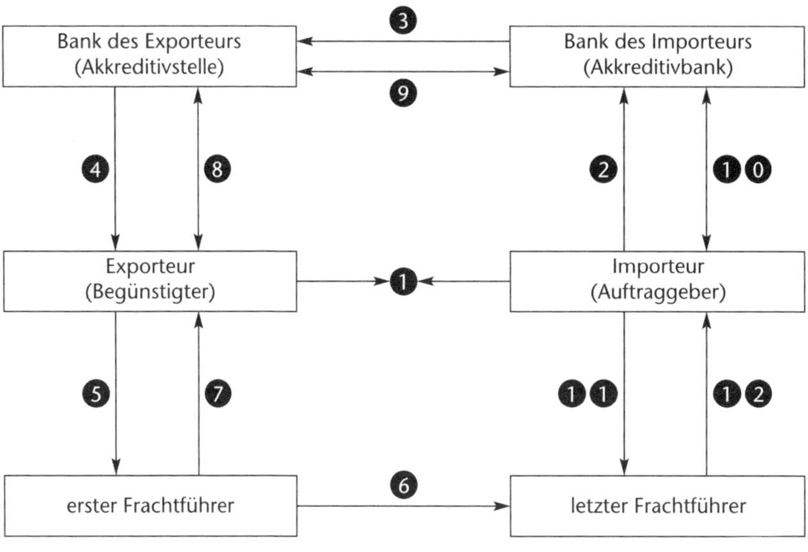

1. Kaufvertrag mit Zahlungsbedingung L/C (Dokumentenakkreditiv)
2. Akkreditiveröffnungsauftrag

3. Akkreditiveröffnung
4. Avisierung des Akkreditivs
5. Waren
6. Versand der Ware
7. Dokumente
8. Dokumente gegen Gutschrift
9. Dokumente gegen Gutschrift
10. Dokumente gegen Belastung/Zahlung
11. Dokumente
12. Ware

Begründung Kundenwunsch:
Die Bank des Importeurs sorgt dafür, dass nur bezahlt wird, wenn der Exporteur alle im Akkreditiv genannten Bedingungen erfüllt hat.

1.2.2

Incoterm CIF Durban, Südafrika (Zweipunktklausel)	
Kostenübergang	Verkäufer trägt alle Kosten bis zum Bestimmungsort (ohne Abladen). Hier: Durban, Südafrika
Gefahrübergang	Die Gefahr für den Untergang der Ware geht bereits im Verschiffungshafen (bei sicherem Stand der Ware auf dem Schiff) auf den Käufer über. Hier: Algeciras, Spanien

Aufgabe 2

2.1.1 $\text{durchschnittlicher LB} = \frac{128.640{,}00 + 768.760{,}00}{7} = 128.200{,}00 \text{ EUR}$

Wareneinsatz = 128.640,00 + 383.160,00 – 127.200,00 = 384.600,00 EUR

$\text{Umschlagshäufigkeit} = \frac{384.600{,}00}{128.200{,}00} = 3x$

$\text{durchschnittliche LD} = \frac{360}{3} = 120 \text{ Tage}$

$\text{Lagerzinssatz} = \frac{12 \cdot 120}{360} = 4\ \%$

Lagerzinsen = 4 % von 128.200,00 EUR = 5.128,00 EUR

2.1.2 Die Lagerumschlagshäufigkeit der Branche ist besser als die der AZV GmbH.
Verbesserungsvorschläge für den Lagerbereich:
permanente Inventur, Festlegung von Höchstbeständen, Verringerung der Sicherheitsbestände, Produktelimination/Sortimentsbereinigung, ...
Verbesserungsvorschläge für den Absatzbereich: mehr Werbung, Bonussystem einführen, Mengenrabatte, Verkaufsaktionen, ...

2.1.3 Freiplatzsystem, d. h. Unterbringung des Lagergutes am jeweils freien Platz
Vorteile: weniger Lagerraum → intensive Lagernutzung, weniger Personalkosten, kürzere Ein- und Auslagerungszeiten

2.2.1 Fremdlager = Eigenlager

1,4 x = 0,6 x + 20.000,00 EUR

0,8 x = 20.000,00 EUR

x = 25.000 Stück

Schülerabhängige Antwort bei einem Absatzziel von 26.000 Stück. Beide Varianten sind möglich. Bei 25.000 Stück ist Eigenlagerung naheliegend: Schneller Zugriff, schnelle Warenlieferung, kurze Lieferzeiten, permanente Kontrolle der Ware möglich, Kunde kann Ware in Augenschein nehmen.

Fremdlagerung, zwar etwas teurer, kann aber jederzeit gekündigt werden, wenn Absatzziel nicht erreicht wird.

2.2.2 Pflichten:

Prüfungs- und Kontrollpflicht beim Empfang der Lagerware, Interessenwahrung durch Sicherung von Schadenersatzansprüchen des Einlagerers sowie durch dessen Benachrichtigung, Zutrittsgewährung gegenüber dem Einlagerer, Sorgfaltspflicht durch Schutzmaßnahmen vor Verderb bei Sammellagerung, Mitteilungspflicht durch Unterrichtung des Einlagerers, wenn Veränderungen des Lagergutes eingetreten oder zu befürchten sind, Versicherungspflicht bei Verlangen des Einlagerers …

Rechte:

Recht auf die vereinbarte Vergütung für die Einlagerung, Anspruch auf Schadenersatz für Schäden, die durch die Güter des Einlagerers verursacht wurden, Notverkauf des Lagergutes bei Verderb, Risiko ohne rechtzeitige Verfügung des Einlagerers, Kündigung des Lagervertrages nach Ablauf der vereinbarten Laufzeit oder unter Einhaltung einer Kündigungsfrist, Anspruch auf Ersatz für erforderliche Aufwendungen für die Einlagerung, Pfandrecht …

Aufgabe 3

3.1

Werbeobjekt	Solar Greenpower Mähroboter
Werbebotschaft	besondere Eigenschaften wie Funktionalität, Qualität, außergewöhnliches Design hervorheben Bsp.: zeitunabhängiges Rasenmähen, Energieersparnis, Kostenersparnis
Zielgruppe (Streukreis)	Baumärkte bundesweit, städtische Bauämter, regionale Gärtner
Werbemittel	Anzeigen, Messeplakat, Flyer, Werbetext
Werbeträger	Fachzeitschriften, Messestand, Werbebrief
Streugebiet	bundesweit
Streuzeit	ab Anfang März bis Ende Mai
Werbeetat	85.000,00 EUR

3.2 Mediaplan für die Gaflo GmbH
Schülerabhängige Antwort – Beispiel:

Medien	Reichweite	Kosten in EUR pro 1.000 Zielgruppenmitglieder	Anzahl der Anzeigen, Briefe, Messen	Gesamtkosten EUR	Restetat in EUR
Gartenbau	250.000	40,00	0	10.000,00 zu teuer	
Fachzeitschrift Garten	400.000	30,00	0	12.000,00 zu teuer	
Taspo	300.000	20,00	6	36.000,00	49.000,00
Garten und Landschaft	400.000	25,00	1	10.000,00	39.000,00
Werbebrief	10.000	650,00	1	6.500,00	32.500,00
Messe Nbg.	60.000	250,00	0	15.000,00 nicht in Streuzeit	
Messe Trier	40.000	450,00	0	18.000,00	
Messe Stgt.	80.000	200,00	1	16.000,00	16.500,00
Messe Hannover	50.000	320,00	1	16.000,00	500,00
gesamt					84.000,00

2 Prüfungsaufgaben Steuerung und Kontrolle Sommer 2016

Aufgabe 1

1.1

Vorwärtskalkulation		
Listeneinkaufspreis		37,50 EUR
– Lieferrabatt	8 %	3,00 EUR
= Zieleinkaufspreis		34,50 EUR
– Lieferskonto	4 %	1,38 EUR
= Bareinkaufspreis		33,12 EUR
+ Bezugskosten		1,88 EUR
= Einstandspreis		35,00 EUR

Berechnung der Bezugskosten

Warenart	Gewicht in kg	Gewichtsspesenanteil in EUR
Rasenmäher	192	18,81
Gartenwalze	828,8	81,19
	1.020,8	100,00
	1	0,098

Bezugskosten je Rasenmäher: 18,81 EUR : 10 Stück = 1,88 EUR/Stück

1.2

Berechnungen mit ...	Ergebnis aus Aufgabe 1	Vorgabe (bei fehlendem Ergebnis)
Barverkaufspreis	73,50 EUR	73,50 EUR
– Wareneinsatz (siehe Aufgabe 1)	35,00 EUR	37,00 EUR
= Warenrohgewinn	38,50 EUR	36,50 EUR
– variable Kosten (60 % von 17,30 EUR)	10,38 EUR	10,38 EUR
= DB pro Stück	28,12 EUR	26,12 EUR

Berechnungen mit ...	Ergebnis aus Aufgabe 1	Vorgabe (bei fehlendem Ergebnis)
DB	28,12 EUR	26,12 EUR
– HK fix	6,92 EUR	6,92 EUR
= Betriebserfolg	21,20 EUR	19,20 EUR

Die Preissenkung ist sinnvoll, da ein positiver Deckungsbeitrag erzielt wird.

1.3.1 Berechnung der kurzfristigen Preisuntergrenze mit Ergebnis aus Aufgabe 1:
p = 45,38 EUR (35,00 EUR + 10,38 EUR)

Berechnung der kurzfristigen Preisuntergrenze bei Verwendung der Vorgabe:
p = 47,38 EUR (37,00 EUR + 10,38 EUR)

1.3.2 73.500 : 65,50 = 1.122,14 Stück, Absatz insgesamt für Umsatzziel bei 65,50 EUR: 1.123 Stück
73.500 : 73,50 = 1.000 Stück
Die Absatzsteigerung beträgt 123 Stück (oder: das 1,123-Fache des bisherigen Absatzes).

1.4 Ermittlung der Gewinnschwelle:

1. Möglichkeit zur Ermittlung der Gewinnschwelle (BEP):
Gewinnschwelle = Kf : DB
= 20.500,00 EUR : 40,94 EUR/Stück
= 500,73278 Stück

2. Möglichkeit zur Ermittlung der Gewinnschwelle (BEP):

Listenverkaufspreis/Marktpreis pro Stück	71,99 EUR
– variable Kosten	31,05 EUR
= Deckungsbeitrag pro Stück	40,94 EUR

$p \cdot x = Kf + kv \cdot x$

$x = Kf : (p - kv)$
= 20.500,00 EUR : (71,99 EUR/Stück – 31,05 EUR)
= 500,73278 Stück

Es müssen 501 Stück verkauft werden, um in die Gewinnzone zu kommen.
Ermittlung des Gewinnschwellensatzes:
501 Stück · 71,99 EUR/Stück = 36.066,99 EUR

Aufgabe 2

2.1	0860 BGA	66.000,00	an	4400 Verbindlichkeiten	8.540,00
	2600 Vorsteuer	12.540,00			
	4400 Verbindlichkeiten	78.540,00	an	2800 Bank	76.969,20
				0860 BGA	1.320,00
				2600 Vorsteuer	250,80

2.2	Kaufpreis netto	66.000,00
	– 2 % Skonto	1.320,00
	AHK	64.680,00
	– A1.J. ($\frac{3}{12}$ v. 10.780,00)	2.695,00
	Restwert 31.12.15	61.985,00
	– Abschreibung zum 31.12.15	10.780,00
	Buchwert 31.12.15	51.205,00

2.3	Buchungssatz für 2015				
	6500 Abschreibungen	10.780,00	an	0860 BGA	10.780,00

2.4	Restwert 31.12.15	51.205,00
	– außerplanm. Abschr.	10.205,00
	= Restwert 31.12.15	41.000,00

Strenges Niederstwertprinzip; es handelt sich um eine dauernde Wertminderung.

2.5.1	2900 ARAP	450,00	an	7030 Kfz-Steuer	450,00
2.5.2	Buchung am 31.12.2015				
	6200 Löhne	90.000,00	an	4890 sonst. Verbindlichkeiten	90.000,00
	Buchung am 03.01.2016				
	4890 sonst. Verbindlichkeiten	90.000,00	an	2800 Bank	150.000,00
	6200 Löhne				
2.5.3	Buchung am 31.12.2015				
	6770 Rechts- u. Bko.	9.000,00	an	3900 sonst. Rückst.	9.000,00
	Buchung am 18.02.2016				
	3900 sonst. Rückst.	9.000,00	an	2800 Bank	8.500,00
				5480 Ertr. aus Aufl. v. Rückst.	500,00

Erfassung über das Konto 7600 außerordentlicher Aufwand auch möglich

3 Prüfungsaufgaben Großhandelsgeschäfte Winter 2016/2017

Aufgabe 1

1.1.1 **Angebot Extro GmbH:**

Listenpreis Mannheim		17.000,00 EUR	ab Werk
– Rabatt	5 %	850,00 EUR	
= Zieleinkaufspreis		16.150,00 EUR	
– Skonto	2 %	323,00 EUR	
= Bareinkaufspreis		15.827,00 EUR	
+ Bezugskosten		650,00 EUR	
= Einstandspreis		16.477,00 EUR	

Einstandspreis pro Verpackungseinheit mit 100 Stück: 16,48 EUR

Angebot Sonyung LTD.:

Listenpreis CIF Hamburg		16.654,93 EUR	(123.000,00 EUR : 7,3852)
– Rabatt		0,00 EUR	
= Zieleinkaufspreis		16.654,93 EUR	
– Skonto		0,00 EUR	
= Bareinkaufspreis		165.654,93 EUR	
+ Zoll	3 %	499,65 EUR	(3 % von 16.654,93 EUR)
+ Bezugskosten		660,00 EUR	
= Einstandspreis		17.814,58 EUR	

Einstandspreis pro Verpackungseinheit mit 100 Stück: 17,81 EUR

1.1.2 Günstigster Anbieter ist die Extro GmbH.

Qualitative Kriterien, z. B.:

- Lieferzeit, Flexibilität
- Zuverlässigkeit, Währungsschwankungen, Termintreue
- konstante Qualität ...

1.2.1
- Gestalterische Elemente: Betreff, Anrede und Grußformel
- Schlechtlieferung, falsche Gattungsware § 434 Abs. 3 BGB
- Anzeige des Mangels § 377 HGB unverzügliche Anzeige des Mangels
- Vorrangiges Recht:
  - Ersatzlieferung nach § 439 Abs. 1 BGB innerhalb angemessener Nachfrist
  - Extro trägt zusätzliche Transportkosten.
- Nachrangiges Recht: Androhung bei Überschreiten der gesetzten Nachfrist von:
  - Rücktritt vom Kaufvertrag, § 437 Nr. 2 BGB
  - Schadenersatz (Verzögerungsschaden) § 280 Abs. 1 BGB
    Alternativ: Aufwendungsersatz § 284 BGB

1.2.2.1

6000	Warenaufwand	16.150,00				
2600	Vorsteuer	3.068,50	an	4400	Verbindlichkeiten	19.218,50

1.2.2.2	4400	Verbindlichkeiten	19.218,50	an	2800	Bank	18.834,13
					6003	Lieferantenskonti	323,00
					2600	Vorsteuer	61,37

1.3 Just-in-time-Lieferung:

Bedarfssynchrone Lieferung. Die von den Industriebetrieben benötigten Teile sollen der Warth GmbH so angeliefert werden, dass sie nur kurz im Lager liegen, bevor sie an die Industriebetriebe weitergeleitet werden. Der Materialfluss ist entlang der ganzen Lieferkette aufeinander abgestimmt.

Vorteile	Probleme
• verkürzte Durchlaufzeiten • weniger Lagerkapazitäten notwendig • Senkung der Lagerkosten • Senkung der Kosten für gebundenes Kapital	• Qualitätsmängel beim Lieferer • Lieferengpässe aufgrund Produktionsausfalls • Verkehrsprobleme • Falschlieferung • Umweltbelastung durch erhöhten Transportbedarf

→ **Lösungen**

Qualitätszertifizierung
Konventionalstrafen
Routenplanung

Aufgabe 2

2.1

Artikel	Menge in Stück	Bezugspreis je Stück in EUR	Gesamtwert in EUR	Gesamtwert in %	Rang
Komplett-PCs	40.000	300,00	12.000.000,00	20,96	2
Notebooks	45.000	350,00	15.750.000,00	27,50	1
Tablets	26.000	100,00	2.600.000,00	4,54	7
iMaks	14.000	410,00	5.740.000,00	10,02	5
MakBooks	21.000	450,00	9.450.000,00	16,50	3
iPats	22.000	300,00	6.600.000,00	11,53	4
Monitore	58.000	80,00	4.640.000,00	8,10	6
Tastaturen	52.000	5,00	260.000,00	0,45	8
Mäuse	45.000	5,00	225.000,00	0,39	9
			57.265.000,00	100,00	

Wertklassen-zuordnung	Artikel	Bezugspreis je Stück in EUR	Gesamtwert in %	Kumulierte Werte in %
A-Güter	Notebooks	350,00	27,50	27,50
	Komplett-PCs	300,00	20,96	48,46
	MakBooks	450,00	16,50	64,96
	iPats	300,00	11,53	76,49
B-Güter	iMaks	410,00	10,02	10,02
	Monitore	80,00	8,10	18,13
C-Güter	Tablets	100,00	4,54	4,54
	Tastaturen	5,00	0,45	4,99
	Mäuse	5,00	0,39	5,39
			100,00	

2.2 Auf A-Güter konzentrieren, Optimierungsmöglichkeiten sind:

- günstige Preise, Lieferungs- und Zahlungsbedingungen verhandeln
- Lagerbestand minimieren, z. B. durch Just-in-time-Anlieferung der Lieferanten
- bedarfsgesteuerte Materialdisposition, z. B. Kauf auf Abruf, optimierte Termin-, Qualitäts-, Rechnungs-, Bestands- und Verbrauchsprozesse und deren Kontrolle

Optimierungsmöglichkeiten bei B-Gütern und vor allem bei C-Gütern:

- Anzahl der Beschaffungsvorgänge minimieren
- großzügige Lagerhaltung
- keine aufwendigen Prozesse und Kontrollen
- Abwälzung der Dispositionsaufgaben auf die Lieferanten

2.3

Jahresbedarf	Bestellkosten	Lagerkosten/ Stück	Bezugspreis/St.		Formellösung
45.000	**1.000,00**	**0,4**	**350,00**		**15.000,00**
Bestellmenge	Bestellhäufigkeit	Durchschn. LB	Lagerkosten	Bestellkosten	Gesamtkosten
2.500	18,00	1.250	500,00	18.000,00	18.500,00
5.000	9,00	2.500	1.000,00	9.000,00	10.000,00
7.500	6,00	3.750	1.500,00	6.000,00	7.500,00
15.000	3,00	7.500	3.000,00	3.000,00	6.000,00
22.500	2,00	11.250	4.500,00	2.000,00	6.500,00
45.000	1,00	22.500	9.000,00	1.000,00	10.000,00
			Gesamtkostenminimum:		6.000,00

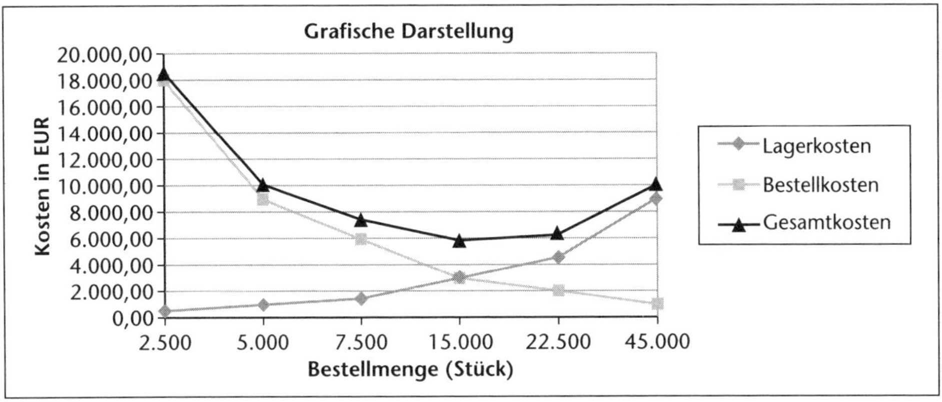

Bei der Ermittlung der optimalen Bestellmenge muss berücksichtigt werden, dass jede Bestellung Kosten verursacht und dass die bestellte Ware eingelagert werden muss, was ebenso Kosten verursacht. Bei einer niedrigen Bestellmenge muss oft bestellt werden, was hohe Bestellkosten verursacht. Eine hohe Bestellmenge führt zu wenigen Bestellungen, aber zu höheren Lagerhaltungskosten. Aus dem Schaubild der optimalen Bestellmenge geht hervor, dass die Gesamtkosten bei einer geringen Bestellmenge oder bei einer geringen Bestellhäufigkeit, also einer hohen Bestellmenge, höher sind als bei der optimalen Bestellmenge. Die optimale Bestellmenge liegt am Schnittpunkt zwischen Bestellkostenkurve und Lagerhaltungskostenkurve und ergibt ein Minimum der Gesamtkosten, welches am tiefsten Punkt der Gesamtkostenkurve liegt.

Aufgabe 3

3.1 Darstellung; Prinzip und Voraussetzung sowie weitere schulabhängige Punkte, auch prozessabhängige Darstellung möglich

Supply-Chain-Management

Prinzip:

Aufbau und Verwaltung integrierter Logistikketten (Material- und Informationsflüsse) entlang der unternehmensinternen und unternehmensübergreifenden Wertschöpfungskette

Voraussetzung:

- Integration der Informationsverarbeitung zwischen allen Beteiligten und Bildung geeigneter Schnittstellen zum Informationsaustausch
- hohes Maß an Vertrauen zwischen allen Beteiligten des Supply-Chain-Managements

3.2 Kanban-System:
System zur flexiblen, dezentralen Produktionsprozesssteuerung. Kanban bedeutet wörtlich „Karte" und meint damit die Identifizierungskarte, die sich bei jeder Ware befindet. Die Karten werden zur Steuerung der liefernden Stelle („Quelle") und der verbrauchenden Stelle („Senke") eingesetzt.

Ablauf:
Dem Kanban-System liegt das Supermarkt-System (Nachschubsteuerung) zugrunde; d. h., der Kunde (intern/extern) entnimmt dabei bei Bedarf die gewünschte Ware aus dem Lager (Regal). Die entstehende Lücke wird festgestellt und durch den internen oder externen Lieferanten wieder aufgefüllt. Dies bedeutet eine Hinwendung zu verknüpften und selbstgesteuerten Regelkreisen.

Bedeutung des Kunden:
Der Kunde löst den Bedarf an der jeweils vorgelagerten Stelle aus (Ziehprinzip):
Die weiteren Prozesse regeln sich selbst.

Das Kanban-System ist vor allem für Artikel von Vorteil, deren Verbrauchsmengen relativ konstant sind und die zugleich einen hohen Wert haben (A- und B-Güter). Die logistischen Prozesse können mit dem Einsatz des Kanban-Systems weiter vereinfacht werden.

Vorteile sind z. B.:
- geringe Bestände
- niedrige Kapitalbindung, Lager- und Handlungskosten
- kurze Durchlaufzeiten
- flexible Bestandsführung und schnelle Reaktionszeiten
- Kundenorientierung
- Optimierung der unternehmensübergreifenden Wertschöpfungskette

Nachteile sind z. B.:
- Lieferschwierigkeiten können zu Nullbestand-Situationen führen
- höhere Transportkosten
- Verlagerung der Bestände auf vorgeschaltete Stellen

3.3.1 Kosten der Eigenlagerung:
$1.000\ m^2 \cdot 1{,}87$ EUR/Monat + 1.000,00 EUR = 2.870,00 EUR

Kosten der Fremdlagerung:
$1.000\ m^2 \cdot 2{,}58$ EUR/Monat = 2.580,00 EUR

Entscheidung:
Hier sollte sich für die Logistikpartnerschaft mit einem Lagerhalter entschieden werden (Kostenersparnis: 290,00 EUR/Monat).

3.3.2 Kritische Lagerfläche:

Eigenlagerung	=	Fremdlagerung
1.000,00 + 1,87x	=	2,58x
x	=	1.408,45

Bei einer Lagerfläche von 1.408,45 m^2 ist eine Fremdlagerung genauso teuer wie eine Eigenlagerung. Bei einer Lagergröße von über 1.408,45 m^2 ist infolge der Fixkostendegression die Eigenlagerung günstiger, bei einer Fläche von unter 1.408,45 m^2 ist die Fremdlagerung wirtschaftlicher.

3.4 MB = SB + (tägl. Verbrauch · Lieferzeit)
MB = (3 · 4) + (4 · 8)
MB = 44

Der angenommene Meldebestand beträgt 44 Stück.
Da das Lager aufgefüllt werden soll, gilt: 60 – 12 = 48 Stück.
Es werden jeweils 48 Stück bestellt.
Wiederbeschaffungszeit: 8 Tage
Bestellrhythmus: 48 : 8 = alle 6 Tage

3.5 Es ist positiv, dass sich der Wert im Vergleich zum Vorjahr verbessert hat.
Allerdings ist es immer noch negativ, dass wir schlechter sind als der Branchendurchschnitt.

- Meldebestand senken → Reduzierung des durchschnittlichen Lagerbestandes und in der Folge auch der Lagerhaltungskosten
- Sicherheitsbestand senken → Reduzierung des durchschnittlichen Lagerbestandes und in der Folge auch der Lagerhaltungskosten
- kleinere Mengen bestellen und dafür häufiger bestellen

4 Prüfungsaufgaben Steuerung und Kontrolle Winter 2016/2017

Aufgabe 1

1.1	0860 BGA	1.750,00	an	4400 Vbl. a. LL.	2.556,12
	0890 GWG-Sammelposten 2016	398,00			
	2600 Vorsteuer	408,12			

1.2.1 Berechnung des Skontos: 2.556,12 EUR · 3 % = 76,68 EUR
Überweisungsbetrag: 2.556,12 EUR – 76,68 EUR = 2.479,44 EUR

Zinsaufwand: $z = \frac{K \cdot p \cdot t}{100 \cdot 360} = \frac{2.479,44 \cdot 11 \cdot 22}{100 \cdot 360} = 16,67$ EUR

Skontoabzug lohnt sich, da trotz Zinszahlung ein Vorteil entsteht in Höhe von 60,01 EUR.

1.2.2 $p = \frac{z \cdot 100 \cdot 360}{K \cdot t} = \frac{76,68 \cdot 100 \cdot 360}{2.479,44 \cdot 22} = 50,61\ \%$

Die Hausbank müsste mindestens 50,61 % Zinsen für die Überziehung verlangen, damit es sich nicht mehr lohnt, den Skonto bei gleichzeitiger Überziehung des Kontos in Anspruch zu nehmen.

1.3	4400 Vbl. a. LL.	2.556,12	an	0860 BGA	52,50
				0890 GWG-Sammelposten 2016	11,94
				0260 Vorsteuer	12,24
				2800 Bank	2.479,44

1.4 Korrigierte Anschaffungskosten der Sitzgruppe: 1.750,00 EUR · 97 % = 1.697,50 EUR
Korrigierte Anschaffungskosten der Stehlampe: 398,00 EUR · 97 % = 386,06 EUR

AfA der Sitzgruppe: $\frac{\text{AfA}}{\text{Jahre}} = \frac{1.697,50 \text{ EUR}}{13 \text{ Nutzungsjahre}} = 130,58$ EUR/Jahr

Im Jahr der Anschaffung aber monatsgenau: $\frac{130,58 \cdot 3}{12} = 32,65$ EUR

AfA Stehlampe: 386,06 : 5 Jahre = 77,21 EUR

6500 AfA auf Sachanlagen	32,65	an	0860 BGA	32,65
6540 AfA auf GWG-Sammelposten	77,21	an	0890 GWG-Sammelposten 2016	77,21

Aufgabe 2

2.1 Berechnung und Beurteilung der Kennzahlen:

- Berechnung der EK-Quote:

$$\frac{EK \cdot 100}{GK} = \frac{965.000 \cdot 100}{1.615.000} = 59{,}75\ \%$$

→ Der Anteil des EK am GK beträgt 59,75 % (hoher Anteil für ein Unternehmen).

- Berechnung des FK-Anteils:

$$\frac{EK \cdot 100}{GK} = \frac{650.000 \cdot 100}{1.615.000} = 40{,}25\ \%$$

→ Der Anteil des FK am GK beträgt 40,25 % (davon mehr als die Hälfte langfristiges FK, also länger im Unternehmen gebunden).

- Berechnung der Liquidität 1. Grades:

$$\frac{\text{flüssige Mittel} \cdot 100}{\text{kurzfr. FK}} = \frac{540.000 \cdot 100}{200.000} = 270{,}00\ \%$$

→ Sollte mind. 20 % sein; hier deutlich überschritten, alles kurzfr. FK kann durch die flüssigen Mittel zurückbezahlt werden (das 2,7-Fache)

Berechnung der Rentabilitätskennziffern und Beurteilung:

EK-Rentabilität:

$$\frac{\text{Jahresergebnis} \cdot 100}{EK} = \frac{19.400 \cdot 100}{965.000} = 2{,}01\ \%$$

→ Durch den Gewinn entsteht eine positive Verzinsung des EK. Die Verzinsung (Zinssatz: 2,01 %) ist allerdings für langfristiges FK derzeit akzeptabel.

2.2 Zwei Argumente für die Kapitalbereitstellung, mögliche Argumente:

- Die Dalli GmbH sollte den Kredit erhalten, weil der Anteil des EK mit knapp 60 % recht hoch ist und der FK-Anteil lediglich bei 40 % liegt (stellt Sicherheit für Kapitalgeber dar).
- Die Liquidität 1. Grades ist sehr hoch, es entsteht durch die kurzfristigen Schulden kein Zahlungsengpass, da diese sofort getilgt werden können. → stellt eine Sicherheit für den FK-Geber dar
- Die EK-Rentabilität mit 2,01 % ist besser als der aktuelle Marktzins. → positive Verzinsung des EK → Sicherheit für Kapitalgeber

2.3 Berechnung und Analyse der Ergebnistabelle (Berechnung siehe **Anlage 1**):

Die Dalli GmbH steht gut da. Laut GuV erwirtschaftet sie einen Gewinn in Höhe von 324.200,00 EUR. Wenn man nur die betriebliche Tätigkeit (Betriebsergebnis) betrachtet, ist der Gewinn sogar um 205.000,00 EUR höher. Das liegt u. a. an den hohen „Verlusten aus Schadensfällen“ und „Verlusten aus Abgang Vermögensgegenständen“.

Anlage 1

Rechnungskreis I (Beträge in EUR)			Rechnungskreis II (Beträge in EUR)					
Erfolgsbereich			Abgrenzungsbereich				Kosten- und Leistungsrechnung	
Geschäftsbuchführung (GB)			Unternehmensbezogene Abgrenzung		Kosten- und leistungsrechnerische Korrekturen			
Konten	Aufwand	Ertrag	Aufwand	Ertrag	Aufwand lt. GB	Verrechnete Kosten	Kosten	Leistungen
Umsatzerlöse		6.620.000,00						6.620.000,00
periodenfremde Erträge		200.000,00		200.000,00				
Zinserträge		60.000,00		60.000,00				
Aufwand für Waren	4.060.000,00						4.060.000,00	
Gehälter	1.100.000,00						1.100.000,00	
Arbeitgeberanteil Sozialversicherung	420.000,00						420.000,00	
Abschreibungen auf Sachanlagen	580.000,00				580.000,00	500.000,00	500.000,00	
Verluste aus Schadensfällen	220.000,00		220.000,00					
Verluste Abgang Vermögensgegenstände	125.000,00		125.000,00					
periodenfremde Aufwendungen	40.000,00		40.000,00					
Zinsaufwendungen	10.800,00						10.800,00	
	6.555.800,00	6.880.000,00	385.000,00	260.000,00	580.000,00	500.000,00	6.090.800,00	6.620.000,00
	324.200,00			**125.000,00**		**80.000,00**	**529.200,00**	
	6.880.000,00	**6.880.000,00**	**385.000,00**	**385.000,00**	**580.000,00**	**580.000,00**	**6.620.000,00**	**6.620.000,00**
	Gesamtergebnis: 324.200,00		**Neutrales Ergebnis: –205.000,00**				**Betriebsergebnis: 529.200,00**	

5 Prüfungsaufgaben Großhandelsgeschäfte Sommer 2017

Aufgabe 1

1.1 Guten Tag Herr Hägele,

folgende Punkte sollten Sie noch ergänzen: 50 Stück Badetuchhalter müssten bei Bestellung des Kunden noch nachbestellt werden, hier beträgt die Lieferzeit dann 7 Tage.

Auch die Zahlungsbedingung fehlt: 10 Tage 2 % Skonto, 30 Tage Ziel

Erfüllungsort fehlt: Heilbronn; Hinweise auf AGB.
Verbesserung: Kundennummer ergänzen, um „Angebot" ergänzen.

1.2
- Entschuldigung für die Unannehmlichkeiten
- Rechtliche Begebenheiten: Kunde hat Recht auf Nacherfüllung – in diesem Fall also Neulieferung – nach § 437 i. V. m. § 439 BGB
- Ein Rücktritt vom Vertrag ist nicht möglich, denn hierbei handelt es sich um ein nachrangiges Recht (nach § 323 BGB), das der Schwarzwälder Sanitärhandel GmbH unter den gegebenen Umständen nicht zusteht.
- Vorschlag: heutige Abholung der 50 beschädigten Badetuchhalter und Lieferung neuer Ware

1.3.1 Anmerkung:
Die Rechnung ist am 03.03.2017 fällig (Zahlungstermin: 03.02.2017 + 30 Tage = 03.03.2017); Verzugszeit: 32 Tage (ab 04.03.2017 bis 06.04.2017), kaufmännische Zinsrechnung (Andere Zinsberechnungsmethoden sind möglich.)

Eine Mahnung ist nicht notwendig, um ihn in Verzug zu setzen, da der Zahlungstermin anhand des Rechnungsdatums kalendermäßig bestimmbar ist.

Die 30-Tage-Frist greift auch nicht, da sich der Käufer auch mit Rechnung genau ab dem 04.03.2017 im Verzug befindet. Nach der 30-Tage-Regel wäre der Käufer ebenfalls zu diesem Zeitpunkt in Verzug.

Lösung: Mahnschreiben – Datum: 06.04.2017

1. Mahnung

Sehr geehrte Damen und Herren,

mit unserem Schreiben vom 6. März 2017 haben wir Sie an Ihren Zahlungsrückstand in Höhe von 20.944,00 EUR erinnert, der sich aus der Rechnung vom 3. Februar 2017 ergibt.

Zwischenzeitlich haben wir weder eine Zahlung noch eine Reaktion von Ihnen erhalten. Wir bitten Sie heute deshalb nochmals,

bis spätestens: ...*schülerabhängig*
den Gesamtbetrag von 21.095,17 EUR

zu überweisen. Der Gesamtbetrag setzt sich wie folgt zusammen:

Bruttorechnungsbetrag:	20.944,00 EUR
zuzüglich Verzugszinsen ab 04.03.2017 für 32 Tage	151,17 EUR

Schülerabhängig: Optional: zusätzlich 40,00 EUR gesetzliche Pauschale

Achten Sie bitte zukünftig auf sorgfältige Einhaltung unserer Zahlungsbedingungen. Sollten Sie den Betrag bereits zur Zahlung angewiesen haben, betrachten Sie diese Mahnung bitte als gegenstandslos.

Mit freundlichen Grüßen

1.3.2 Fälligkeit war der 03.03.2017; da keine „Aktionen" passieren, die die Verjährung hemmen oder neu beginnen lassen, tritt die Verjährung drei Jahre nach Ende des Jahres, in welchem der Anspruch fällig war, ein (§ 195 i. V. m. § 199 BGB). Beginn der Verjährungsfrist = 31.12.2017 → Ende der Verjährungsfrist: 31.12.2020. Also ist die Forderung ab dem 01.01.2021 verjährt.

Aufgabe 2

2.1 Z. B.

- bessere Ausnutzung der Lagerkapazität
- weniger Lagerpersonal und -kosten (langfristig)
- schnellere Einlagerungs- und Auslagerungszeiten
- Risikominimierung der Fehlentnahme und Fehlablage, da softwaregestützt
- neue Artikel können leichter ins Sortiment aufgenommen werden ...

2.2.1 Kosten der Eigenlagerung = Kosten der Fremdlagerung

Fixe Bestandteile:

Kosten der Lagerhalle	5.000,00 EUR
Personalkosten (2 x)	4.000,00 EUR
Versicherungskosten	300,00 EUR
Abschreibung Lagereinrichtung	1.850,00 EUR
Summe	11.150,00 EUR

11.150,00 EUR + 3,00 EUR · x m^2	= 8,00 EUR · x m^2
11.150,00 EUR	= 5,00 EUR · x m^2
2.230 m^2	= x

Ab einer kritischen Lagermenge > 2.230 m^2 ist Einlagerung sinnvoll.

2.2.2 Weitere Gründe für Fremdlagerung: gut bei Einführungsprodukten, da keine Leerkosten, wenn nichts gelagert wird; keine Kosten für Personal, Miete, Lagereinrichtungen; keine Investitionskosten für Lagerhalle (also keine Kapitalbindung); Nutzung von zusätzlichen Serviceleistungen; geschultes Personal

(Bei Wahl für Eigenlagerung: kurze Kommunikationswege, bessere Kontrolle/Übersicht ...)

2.3.1 Durchschnittlicher Lagerbestand: $\frac{45 + 1{,}313}{13} = 104{,}46$

Wareneinsatz: 519

Umschlagshäufigkeit: $\frac{519}{104{,}46} = 4{,}97$

Durchschnittliche Lagerdauer: $\frac{360 \text{ Tage}}{4{,}97} = 72{,}44$ Tage

Lagerzinssatz: $\frac{5 \cdot 72{,}44}{360} = 1{,}01\ \%$

Lagerzinsen: 20.892,00 EUR · 1,01 % = 211,01

Beurteilung: Die Lagerumschlaghäufigkeit ist geringer geworden und verursacht dadurch höhere Lagerkosten.

2.3.2 Z. B.

- Senkung der Bestell- bzw. Abrufmenge (bspw. Kauf auf Abruf, Living GmbH kann somit nach ihrem Bedarf in Teilmengen bestellen)
- Senkung der Lagerbestände durch Streckengeschäft
- Senkung des Sicherheitsbestandes
- Überprüfung der optimalen Bestellmenge
- Überprüfung aktueller Lieferanten auf Zuverlässigkeit und Konditionen
- Anpassung der Lagerart

Aufgabe 3

3.1.1 Beispiel; andere Phasendarstellungen möglich:

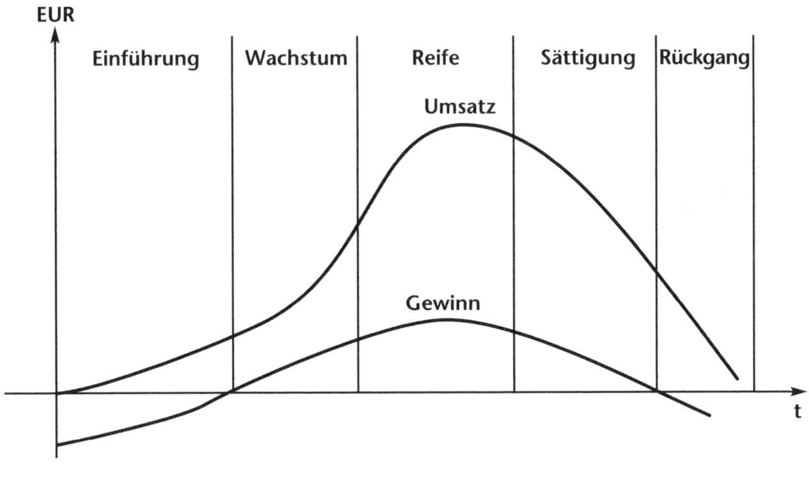

Quelle: www.bwl.modelle.de/wp-content/uploads/2009/09/produktlebenszyklus.jpg

Mountainbike Classic befindet sich in der Sättigungsphase bzw. am Anfang der Rückgangsphase. → sinkende Umsatzzahlen, rückläufiges Marktwachstum

E-Mountainbikes erzielen derzeit den größten Umsatz, welcher allerdings leicht stagniert. Das geringe Marktwachstum lässt auf die Reifephase schließen.

Fatbikes befindet sich in der Einführungsphase, da noch keine Gewinne erwirtschaftet werden. Auch der Umsatz ist noch relativ gering.

Zuordnung der Produkte je nach Phasendarstellung unterschiedlich möglich.

3.2.1 Schülerabhängige Lösung, z. B.:
Die Artikelgruppe MB Classic befindet sich in der Sättigungsphase und erzielt positive Deckungsbeiträge. Es bietet sich eine Produktvariation an. Dies bedeutet, das bisherige Produkt sollte durch eine neue Variante ersetzt werden, damit es länger in der Sättigungsphase verbleibt und damit die Lebensdauer des Produkts erhöht wird. Dies könnte durch eine Designänderung und durch die Verbesserung der technischen Eigenschaften (z. B. Bremsen, Gangschaltung, Stoßdämpfung, Sattel) geschehen.

Die Artikelgruppe E-Mountainbikes befindet sich in der Reifephase und erzielt sehr hohe Deckungsbeiträge. Damit leistet diese Artikelgruppe einen hohen Beitrag für das Betriebsergebnis. Hier bieten sich Maßnahmen der Produktdifferenzierung an, d. h., ein E-Mountainbike-Modell wird in unterschiedlichen Ausführungen, z. B. mit unterschiedlich leistungsstarken Akkus, angeboten.

Die Artikelgruppe Fatbikes befindet sich in der Einführungsphase. Aufgrund der negativen Deckungsbeiträge muss entschieden werden, ob als produktpolitische Maßnahme die Produktelimination durchgeführt werden soll. Wird entschieden, dass die Artikelgruppe aufgrund des hohen Marktwachstums und der damit verbundenen Marktchancen beibehalten wird, könnten mit Produktdifferenzierungsmaßnahmen, z. B. unterschiedliche Designs oder technische Ausführungen, weitere Kundengruppen angesprochen und damit der Übergang in die Wachstumsphase ermöglicht werden.

3.2.1 $0{,}08x = 48.000{,}00 \text{ EUR} + 0{,}025x$
$x = 872.727{,}27$ EUR (kritischer Umsatz)

Bis zu einem Jahresumsatz von 872.727,27 EUR ist der Einsatz von Handelsvertretern kostengünstiger.

3.2.2 Z. B.
- Weisungsgebundenheit: Der Reisende ist leichter steuerbar, da er angestellt ist.
- Fachwissen über das eigene Sortiment: ist beim Reisenden höher, evtl. bessere Beratung möglich
- Marktübersicht bzw. -nähe: ist bei Handelsvertretern höher, da diese z. B. auch Mitbewerber gut kennen
- Verkaufsaktivität: ist bei Handelsvertretern höher, da die Entlohnung des Handelsvertreters im Wesentlichen provisionsabhängig ist

3.2.3 Onlinehandel, Lagerverkauf, Aufbau eigener Verkaufsstellen

3.3 Z. B.
- Schulung der Verkäufer bzw. Händler (Fachkenntnisse, Gesprächsführung)
- Händlerzeitschrift mit Artikel über Fatbikes
- Displaymaterial
- Tag der offenen Tür mit Produktdemonstration
- Organisation eines Verkäufertreffens

6 Prüfungsaufgaben Steuerung und Kontrolle Sommer 2017

Aufgabe 1

1.1

	Personaldaten	Anzahl der Stellen
	Planstellenbestand 2016	180
+	neue Planstellen	10
=	Planstellenbestand 2017	190
–	aktueller Personalbestand	178
=	Personalunterdeckung	12
+	zu ersetzende Abgänge	9
–	sichere Zugänge	10
=	Netto-Personalbedarf	11

1.2
- Der Personalbestand kann nur durch externe Beschaffung deutlich erhöht werden.
- Es besteht i. d. R. eine größere Auswahl an externen Bewerbern.
- Externe Bewerber bringen eine andere Sichtweise und neue Ideen ein.
- Bei interner Besetzung kann es zu Rivalitäten innerhalb des Stammpersonals kommen.

1.3

Gehaltsabrechnung	
Bruttogehalt	3.605,00 EUR
Steuerabzüge	**690,82 EUR**
Lohnsteuer	608,66 EUR
Kirchensteuer	33,47 EUR
Solidaritätszuschlag	48,69 EUR
SV-Beiträge des AN	**745,34 EUR**
Krankenversicherung	302,82 EUR
Pflegeversicherung	51,37 EUR
Rentenversicherung	337,07 EUR
Arbeitslosenversicherung	54,08 EUR
Nettogehalt	**2.168,84 EUR**

1.4	2640	SV-Vorauszahlung	1.442,02	an	2800	Bank	1.442,02
	6300	Gehälter	3.605,00	an	4830	Verb. FB	690,82
					2640	SV-Vorauszahl.	745,34
					2800	Bank	2.168,84
	6400	AG-Anteil SV	696,68	an	2640	SV-Vorauszahl.	696,68
	4830	Verb. FB	690,82	an	2800	Bank	690,82

Zu 1.4: Nebenrechnung zum AG-Anteil zur Sozialversicherung:

	Beitragssatz AG	Lohn
		3.605,00 EUR
Krankenversicherung	7,30 %	263,17 EUR
Pflegeversicherung	1,175 %	42,36 EUR
Rentenversicherung	9,35 %	337,07 EUR
Arbeitslosenversicherung	1,50 %	54,08 EUR

Summe Arbeitgeberanteil zur SV **696,68 EUR**

1.5 Die Beiträge zur Sozialversicherung werden vom Arbeitsentgelt bis zur Höhe der Beitragsbemessungsgrenze berechnet. Der Teil des Bruttoentgelts, der über der Beitragsbemessungsgrenze liegt, ist beitragsfrei.

1.6 Steuerpflichtige mit wenig Einkommen zahlen keine Einkommensteuer (Grundfreibetrag). Oberhalb dieser Freizone steigt die Einkommensteuer mit dem Einkommen – besonders stark in den Progressionszonen. Das heißt, dass der leistungsstärkere Steuerpflichtige höher belastet wird.

Aufgabe 2

2.1 **Kalkulation:**

	in EUR
Listeneinkaufspreis:	550,00
– Liefererrabatt:	275,00
= Zieleinkaufspreis:	275,00
– Liefererskonto:	11,00
= Bareinkaufspreis/Einstandspreis:	264,00
+ HKZ:	92,40
= Selbstkosten:	356,40
+ Gewinn/Verlust:	**–7,20**
= Barverkaufspreis:	349,20
+ Kundenskonto:	10,80
= Zielverkaufspreis:	360,00
+ Kundenrabatt:	240,00
= Listenverkaufspreis:	600,00

Gewinn in %:

$$\frac{7{,}20 \cdot 100}{356{,}40}$$

= **–2,02 % (Verlust)**

	in EUR	
Listeneinkaufspreis:	489,90	Zieleinkaufslistenpreis
– Liefererrabatt:	244,95	
= Zieleinkaufspreis:	244,95	
– Liefererskonto:	9,80	
= Bareinkaufspreis/Einstandspreis:	235,15	
+ HKZ:	82,30	
= Selbstkosten:	317,45	
+ Gewinn/Verlust:	**31,75**	
= Barverkaufspreis:	349,20	
+ Kundenskonto:	10,80	
= Zielverkaufspreis:	360,00	
+ Kundenrabatt:	240,00	
= Listenverkaufspreis:	600,00	

Vorschläge:

- Preisverhandlungen mit Lieferanten
- bessere Lieferantenkonditionen
- Handlungskostensenkung
- Verringerung der Kundenkonditionen
- Erhöhung des Listenverkaufspreises

2.2 **Berechnung (in EUR):**

	Schreibtische	Bürostühle	Büroschränke
Verkaufspreis	400,00	280,00	800,00
– variable Kosten	300,00	270,00	550,00
= Deckungsbeitrag (St.)	**100,00**	**10,00**	**250,00**
Deckungsbeitrag (gesamt)	**20.000,00**	**2.600,00**	**30.000,00**
– fixe Kosten	51.000,00		
= Betriebsergebnis	**1.600,00**		

Prüfung Zusatzauftrag:
Die Annahme lohnt sich, da der gewünschte VK-Preis über den variablen Kosten liegt.

Auswirkung Betriebsergebnis:
320,00 – 300,00 = 20,00 EUR
20,00 · 30,00 = 600,00 EUR
1.600,00 + 600,00 = 2.200,00 EUR
Betriebsergebnis erhöht sich um 600,00 EUR auf 2.200,00 EUR.

2.3 **Berechnung (in EUR):**

	Schreibtische	Büroschränke
Verkaufspreis	400,00	800,00
– variable Kosten	300,00	550,00
= Deckungsbeitrag (St.)	**100,00**	**250,00**
Deckungsbeitrag (gesamt)	**20.000,00**	**30.000,00**
– fixe Kosten	49.000,00	
= Betriebsergebnis	**1.000,00**	

Schreiben:

Sehr geehrter Herr Müller,

wenn wir die Bürostühle aus dem Sortiment nehmen, verringert sich das Betriebsergebnis um 600,00 EUR. Die Bürostühle weisen einen Deckungsbeitrag von 2.600,00 EUR auf, die Fixkosten verringern sich aber nur um 2.000,00 EUR. Somit decken die Bürostühle noch 600,00 EUR der anderen Fixkosten ab. Da unsere Kunden in der Regel Schreibtische und Bürostühle kaufen, ist es sinnvoll, beide Artikel anzubieten.

Mit freundlichen Grüßen